世界各国征信立法汇编

蒙古国、柬埔寨、缅甸、新加坡、韩国篇

刘新海　王子蔓　阙海若　安光勇
首都师范大学信用立法与信用评估研究中心
编译

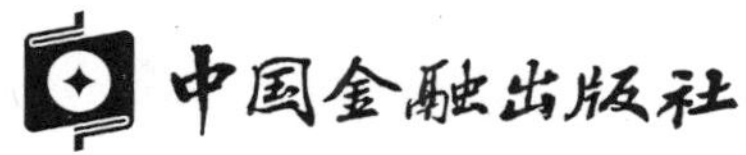
中国金融出版社

责任编辑：肖　炜
责任校对：孙　蕊
责任印制：张也男

图书在版编目（CIP）数据

世界各国征信立法汇编／刘新海等编译.—北京：中国金融出版社，2020.10
ISBN 978－7－5220－0600－0

Ⅰ.①世…　Ⅱ.①刘…　Ⅲ.①信用制度—法律—汇编—世界
Ⅳ.①D912.280.9

中国版本图书馆CIP数据核字（2020）第068968号

世界各国征信立法汇编
SHIJIE GEGUO ZHENGXIN LIFA HUIBIAN

出版发行　中国金融出版社
社址　北京市丰台区益泽路2号
市场开发部　(010)66024766，63805472，63439533（传真）
网上书店　http：//www.chinafph.com
(010)66024766，63372837（传真）
读者服务部　(010)66070833，62568380
邮编　100071
经销　新华书店
印刷　北京市松源印刷有限公司
尺寸　169毫米×239毫米
印张　11.5
字数　166千
版次　2020年10月第1版
印次　2020年10月第1次印刷
定价　48.00元
ISBN 978－7－5220－0600－0
如出现印装错误本社负责调换　联系电话(010)63263947

前　言

征信体系是市场经济健康发展的基石，随着经济全球化、数字化以及金融风险的不断出现，越来越多的国家认识到征信系统对加强金融基础设施、拓宽融资渠道和维护金融系统稳定至关重要。

征信立法是一国征信体系的重要组成部分，完善的征信法律体系既能保护消费者的个人信息权利，又能培育市场竞争机制，促进征信体系安全、高效和持续发展。

越来越多的国家正在努力创造理想的征信监管环境。具有上百年历史的征信体系随着市场经济和金融的发展不断成熟，法律法规相对比较完善，即使文化背景不同、发展阶段差异的国家都有共识。各国的征信法律框架各不相同，该框架可能是信用报告法、银行法、数据保护法、消费者信用保护法、公平授信和消费信贷管理条例，以及有关个人隐私和公司商业机密等法律条款的组合。

目前，全球的征信立法基本上都是围绕个人征信（即消费者征信）进行的。征信业总体的法律监管框架应该清晰明了，具有前瞻性，对所有参与方应一视同仁，具有适当性、能够支持保护数据主体和消费者权益①。无论采用哪种方法，法律框架都应支持征信的主要理念，全面反映征信职能和业务的各个方面，并适应不断变化的趋势。

在设立征信法律监管框架的国家，监管框架一般强调征信体系各参与方，即征信机构、数据提供商、用户和数据主体的权利和义务（如下图所示），可以为各类数据的采集和共享提供明确的指引。

---

①　世界银行 2011 年年报。

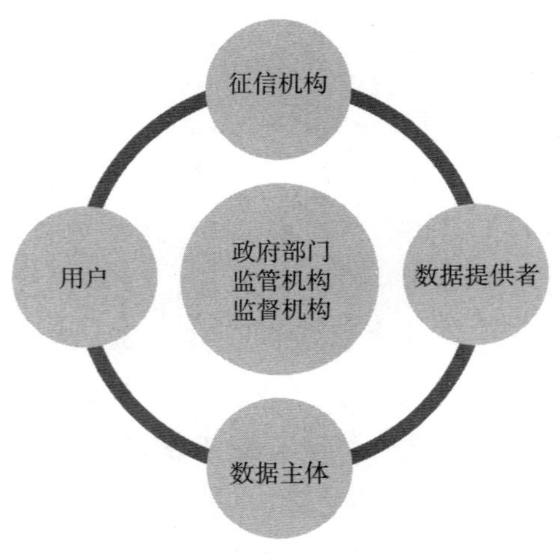

个人征信体系的主要利益相关方

（资料来源：世界银行，2019）

一些国家已经制定了具体的消费者征信法律。这些法律大多数是在过去20年里制定的，往往以美国的《公平信用报告法》（Fair Credit Reporting Act，1971年）为蓝本。中国人民银行在筹建征信系统时，对全球尤其是北美的征信相关法律进行了深入研究，林钧跃老师牵头曾经在2006年对北美（美国和加拿大）的征信法律进行汇编出版（《世界各国信用相关法律译丛：北美卷》，中国方正出版社，2006年3月）。

过去对于征信行业的立法主要关注美国，虽然美国的个人征信比较成熟和完善，但其征信体系立法是在特殊的发展过程中形成的，不能完全照搬照抄。特别是2000年之后的新兴市场国家的征信立法，借鉴发达国家经验，在发展过程中立法，考虑数字经济、信息安全、个人信息保护和新技术的挑战，更加紧凑和系统化，更为值得参考和借鉴。因此本书对亚洲五个国家的征信立法情况进行了介绍（除了韩国，大部分国家的征信立法都是2000年之后开启的），既包括新兴发展中国家，例如蒙古国、柬埔寨和缅甸，也包括法制健全、市场经济完善的发达国家，例如韩国和新加坡。

世界各国征信立法都是从本国征信市场发展的实际出发，同时不仅受本国的法律传统影响，而且受本国经济发展水平制约。本书在对每一国家征信立法介绍时，同时对其经济背景和征信业发展情况进行简单介绍。如表一所示可以看出，征信立法的完善程度与两个维度有关系，一方面是一国经济发展水平；另一方面是该国的法制环境，而且这两者也是相辅相成的。相对而言，一国人口因素和地区因素并不重要。例如新加坡的人口较少、面积很小，但经济发达、法制环境完善。韩国国土面积小，但是人均收入高，在1995年就制定了征信立法，并不断完善。

不同国家的基本情况对比表

国家	GDP（亿美元）	人口（万）	面积（万平方公里）	立法时间	立法特点	是否有个人信息保护法
蒙古国	4,200	320	156.65	2011		
柬埔寨	1,679	1,500	18.1035	2011		
缅甸	1,572	5,288.52	67.6578	2018		
新加坡	65,000	564	0.0724	2017	先有征信机构，后有征信法	《个人数据保护法案（2012）》[①]
韩国	31,400	5164	10	1995	2018年修订	《个人信息保护法（2011）》[②]

结合国情，参考国际经验，我国国务院也于2013年3月15日发布实施《征信业管理条例》，这是我国征信法制建设的一件大事，对于规范征信业务及相关活动，保护信息主体的合法利益，引导征信业健康发展，推进社会信用体系建设，具有重要意义（《征信业管理条例释义》，中国民主法制出版社，2013年5月）。

正如著名社会学家李普塞特（Seymour Martin Lipset）所说：只懂得一个国家的人，他实际上什么国家都不懂（Those who only know one country know

---

① https://www.pdpc.gov.sg/Overview-of-PDPA/The-Legislation/Personal-Data-Protection-Act

② 2020年1月9日，韩国国会通过了旨在扩大个人和企业可以收集、利用的个人信息范围，搞活大数据产业的“数据三法”，即《个人信息保护法》《信用信息法》《信息通信网法》修订案。资料来源于商务部网站。

no country)。本书的目的在于通过对世界不同国家征信立法情况的分析和比较，为中国征信体系建设提供借鉴。

具有现代意义的中国征信行业始于改革开放，虽然取得了举世瞩目的成就：在很短时间内覆盖了大部分人口，并且提供信用报告服务，推动了信贷市场的健康发展。

但是国内征信体系建设也出现了很多问题。例如征信和信用概念混淆；征信公司和数据公司、以及和数据分析公司的界限不清晰。国内一些媒体，业界人士，甚至是一些专业研究人士，对于个人征信的关注点主要聚焦都在追逐个人征信牌照，对于征信体系以及征信背后的逻辑不太过问，这样不仅造成了大量的社会资源的浪费而且使征信业的发展裹足不前。而对全球的征信立法的研究以及相互比较就是对这些问题最好的答案，对于征信立法的研究和分析有助于厘清混乱，达到正本清源的效果，而且征信的最新立法进展也可为未来征信业、个人数据应用、金融科技乃至数字经济的创新指明方向。

国内包括征信在内的很多行业，虽然市场空间很大，政府大力支持，公众普遍重视，但是发展非常缓慢，和未来数字经济发展的速度严重不匹配，一个重要的问题就是机构业务开展和专业研究脱节，特别对于基础性研究不够重视，更是鲜有投入。基础不牢固，难以建高楼，因此本书作者成立了“征信立法研究小组”，开展这项具有公益性质的基础研究工作，团队具体工作内容和分工如下：新加坡部分：王子蔓、阙海若；缅甸部分：王子蔓；蒙古国部分：阙海若；柬埔寨部分：阙海若；韩国部分：安光勇①；背景介绍：刘新海；校正：刘新海、石新中。

征信立法看似简单，其实学问大，本书作者团队在编译过程中也感到一定的压力，希望能够尽可能还原立法者的原意，不足之处，恳请读者批评指正，不断提高完善。

本书还提供电子版的学习资料（http：//www. pccm - credit. com 网站），对相关国家的征信进展、英文立法原文资料以及后续其他国家的征信立法内容进行介绍。

① 安光勇曾就职于韩国最大征信机构 NICE，现为全联并购公会信用管理专业委员会研究员。王子蔓毕业于北京大学元培学院，目前为香港大学法学院在读硕士。阙海若毕业于清华大学五道口金融学院，现在国际财经中心从事研究工作。

目录
Contents

第一篇　蒙古国

（一）蒙古国征信业简介

［基本经济情况］蒙古国面积小，人口在 2019 年 1 月仅约 320 万人，经济欠发达，国内生产总值在 2017 年时仅为 111.49 亿美元。蒙古国征信业的发展从启动到现在已经有 14 个年头，征信方面的立法于 2011 年制定，2012 年就开始施行。蒙古国目前还没有真正运行的市场化征信公司。目前有央行——蒙古国银行的信贷登记系统，有一家私人征信机构，但是其一直是 IT 建设的思路主导，所以尚未取得商业上的成功。

蒙古国的征信机构是蒙古国信用信息公司（Mongolian Credit Information Bureau，CIB）[①]。CIB 是蒙古国第一个由私营部门领导的全方位服务征信局，为消费者和中小企业提供正面和负面信息以及增值信贷信息产品。目前所有权为 92% 的蒙古国私营部门金融机构，8% 的蒙古国银行家协会，其中 49% 保留给外国战略运营伙伴。美国国际开发署（The United States Agency for International Development，USAID）和国际金融公司（IFC）正在合作提供技术援助，它们对市场和法律环境进行了研究，参与了信用数据库的规划设计以及信用信息法草案的制定。

在国际金融公司支持国际合作伙伴搜寻的同时，美国国际开发署领导了可行性、概念共识和法律框架技术援助。从 2008 年到 2011 年，总投资额达到1,462,000.00美元，其中美国政府投资250,000.00美元，非美国政府投资1,212,000.00美元。资源型的合作伙伴包括[②]资产银行（Capital Bank）、资本银行（Capitron Bank）、可汗银行（Khan Bank）、信贷银行（Credit Bank）、蒙古国非银行信贷金融机构（Credit Mongol Non – Banking Financial Institu-

① http：//www.cib.mn/.

② https：//partnerships.usaid.gov/partnership/mongolian – credit – information – bureau.

tion）、郭勒穆特银行（Golomt Bank）、国际金融公司（IFC）和蒙古国银行家协会（Mongolian Bankers Association）。

根据世界银行基于官方认可的数据制定的征信发展指标，2016 年蒙古国的私人信用局覆盖率为 0。

（二）蒙古国征信条例

蒙古国法

日期：2011 年 10 月 20 日　　　　乌兰巴托市国宫

信用信息法[①]

第一章　一般规定

第 1 条　立法目的

1.1 该法的目的是对以下关系进行规范：建立信用信息数据库，信用信息的处理、安全保障、维护和使用，提供信用信息服务，授予提供信用信息服务的法人实体许可，撤销许可证和取得控制权。

第 2 条　信用信息立法

2.1 本法和蒙古国《宪法》《民法》《刑法》《中央银行（蒙古国银行）法》《银行法》《个人隐私法》《组织秘密法》，以及目的相一致的其他相关立法，构成蒙古国信用信息立法。

2.2 蒙古国参加的国际条约与本法不一致的，适用国际条约的规定。

第 3 条　本法适用范围

3.1 本法适用于相关银行、非银行金融机构、储蓄信用合作社、个人，以及针对由于公有和私有法人实体之间的信用和结算而引起的现金偿付债务的信息数据库建设和该数据库的应用和监测。

① 可以理解为征信法，因为蒙古国人口少，经济欠发达，所以消费者个人征信和企业征信合并立法监管。

第4条　术语与定义

4.1 本法所使用的术语，含义如下：

4.1.1 “信用信息”是指借款人在法律相关规定和与贷款人的合同约定下的信贷偿还[①]状况的信息和数据；

4.1.2 “信用信息数据库”是指蒙古国银行（BOM，即蒙古国央行）和其他信用信息供应商（法人）所存有的借款人的信用信息；

4.1.3 “借款人的允许”是指借款人提供的允许将本法第6条规定的信息提供给信用信息供应商（法人）的文件；

4.1.4 “建立信用信息数据库”是指根据法律和合同约定，收集、校正、更新和修改数据库信用信息的过程。

4.1.5 “信用信息供应商（法人）”是指由蒙古国银行特别授权进行信用信息运营的营利性法人[②]。

4.1.6 “借款人”是指对国家、机构、组织、个人或相关法律和有效合同下的其他法律主体负有信贷偿还义务的个人或法人；

4.1.7 “贷款人”是指银行、非银行金融机构及储蓄信用合作社，广义上还包括依据法律和有效合同有权要求借款人履行信贷偿还义务的个人或法人。

4.1.8 “信息提供者”是指根据与信用信息供应商（法人）签订的合同，向信用信息数据库提供借款人信贷偿还义务的特定贷款人和国家机构。

4.1.9 “（信息）使用者”是指意图通过与信用信息服务供应商法人订立的合同获取信息的信息提供者、个人、法人和借款人。

4.1.10 “接受或提供信息的合同”是指信息提供者、使用者和信用信息供应商之间订立的合同，该合同涉及：(1) 向信用信息数据库提供借款人的信贷偿还信息，或 (2) 从该数据库接收信息。

4.1.11 “国家机构”是指蒙古国银行、金融监管委员会，负责个人、法人、财产登记事项的国家行政机构、税务部门、社会保险主管部门、海关、权力机关、法院判决执行机关。

4.1.12 “信用信息查询”是指从信用信息数据库提供给使用者的电子版和纸质版的信用信息和信用历史信息。

---

① 此处把“credit and payment”统一翻译为信贷偿还信息。

② 此处的“信用信息供应商（法人）”对应国内的征信机构。

4.1.13“信用历史”是指借款人尚未履行的信贷和支付义务，及其依据法律和合同对其履行情况的系统化信息。

第5条　提供信用信息服务的原则

5.1 提供信用信息服务应遵循以下原则：

5.1.1 独立原则；

5.1.2 必须获得借款人的同意；

5.1.3 依据法律和合同的约定交换信息；

5.1.4 信息必须公正和均衡（Balance）；

5.1.5 确保机密性。

第二章　信用信息数据库：建立和使用数据库

第6条　信用信息

6.1 以下信息包含在个人信用信息中：

6.1.1 姓、父母的姓名、名字、身份证号、登记号码；

6.1.2 居住地；

6.1.3 个人缴税号码（如果是纳税人）；

6.1.4 雇佣状况、正式工作地址、电话号码和电子邮箱地址；

6.1.5 婚姻状况；

6.1.6 信贷合同的签订日期、合同编号、合同类型和支付币种；

6.1.7 信用期限、信贷计划、利率、未偿还的正在进行的信贷金额；

6.1.8 逾期未付或事实违约的信贷金额；

6.1.9 通过或即将通过质押、抵押物和保证的方式进行担保的信贷偿还金额；

6.1.10 财产的国家登记号和证书、登记日期、持有人、姓、父母姓名、名字、身份证号、居住地、电话号码、电子邮件地址以及其他必要信息；

6.1.11 拒绝偿还信贷的原因（如果曾拒绝偿还信贷）；

6.1.12 实现信贷权利义务转移的文件号码和签订时间（如果信贷义务和权利转移至第三方）；

6.1.13 关于信贷分类的信息；

6.1.14 特定借款人借款能力的评估结论；

6.1.15 蒙古国银行认为有必要包括在信用信息内的与信贷偿还义务相关的其他信息。

6.2 法人信用信息由以下信息组成：

6.2.1 蒙古国语和英语的专有名称及其缩写；

6.2.2 国家营业执照的注册号；

6.2.3 国内住所、电话号码和电子邮件地址；

6.2.4 纳税人缴税号码；

6.2.5 拥有公司百分之二十五以上股份的股东的姓名、父母姓名、身份证号、居住地、电话号码和电子邮箱地址；

6.2.6 蒙古国《银行法》第3.1.2条含义下的母公司、联营公司、附属公司及其关联方。《公司法》第99.1条含义下的共同利益实体的名称、注册号、国内住所、电话号码和电子邮箱地址；

6.2.7 执行官的姓、名、身份证号、注册号、居住地、电话号码和电子邮箱地址；

6.2.8 主要经营业务和活动；

6.2.9 本法第6.1.6—6.1.15条所述的信息。

6.3 国家机构拥有的下列信息，应当纳入个人或者法人信用信息：

6.3.1 逾期支付或未支付的社会保险、纳税、关税金额；

6.3.2 被迫偿还的信贷金额及其履行日期（如果有被迫偿还的信贷）；

6.3.3 因欺诈犯罪被起诉并故意拒绝执行法院判决时，法院生效判决的日期和编号；

6.3.4 法律不禁止向他人提供来自主管登记的国家行政机关、权力管理机关和法院判决执行机关的信息。

6.4 信用信息提供单位应当对与信用信息数据库交换的下列信息进行登记：

6.4.1 信用资料提交、更新或修订的日期，提供信息的供应商或接受信用查询服务的用户信息①；

6.4.2 接受信用查询的目的、原因，以及信用查询登记号。

第7条　信用信息来源

7.1 以下人员应负责/确认信用信息是否公平：

7.1.1 借款人或者信息提供者应确认本法第6.1条和第6.2条规定的信息是公平的；

7.1.2 国家相关权力机关应确认本法第6.3条规定的信息是公平的；

7.1.3 信用信息供应商应确认本法第6.4条规定的信息是公平的。

7.2 禁止借款人、信息提供者、国家机关和信用信息供应商故意提供、设置和告知不公平的信用信息。

7.3 信用信息服务供应商认为信用信息来源不公平或者不完整的，应当立即通知信用信息供应商，并采取措施消除这种情形。

第8条　禁止被包括在信用信息中的信息

8.1 以下信息禁止被包括在信用信息中：

8.1.1 借款人的种族、归属（Ascription）、宗教、政党、非政府组织成员身份和健康信息；

8.1.2 有关借款人的商业和贸易秘密的资料和研究。

第9条　建立信用信息数据库

9.1 建立信用信息数据库应当遵守以下规定：

9.1.1 只有获得建设、开发信用信息数据库等信用信息运营专项许可的法人，才可以收集信用信息；

9.1.2 在借款人同意的基础上，信息提供者应将所有信用信息提供给信用信息数据库；

9.1.3 向信用信息数据库提供信用信息时，应在信息提供者和信用信息服务供应商之间订立信息交换合同，双方可在此基础上进行信息交换；

9.1.4 只有本法第6条规定的信息能够作为信用信息数据库的输入进行收集；

9.1.5 应当采用本法允许的方式和方法收集信用信息；

① 此处和下一条要区分 inquiry 和 enquiry 的区别。

9.1.6 信用信息应当及时扩充和更新；

9.1.7 银行、非银行金融机构、储蓄信用合作社应当与经蒙古国银行特别许可的信用信息供应商签订合同，以接受或者提供必要的信息，并有义务进行信息交换。

9.2 禁止从大众媒体和信息提供者以外的其他人处获取信息，也不得将其纳入信用信息。

9.3 未经蒙古国银行许可，不得泄露信用信息数据库的信息或将其转移到国外。

第 10 条　信用信息的使用

10.1 用户应将信用信息用于以下用途：

10.1.1 国家机构应获取必要的信息以依法行使其权利并履行其义务，其获取的信息应仅供官方使用；

10.1.2 贷款人应获取和使用信用信息来评估信用风险；

10.1.3 借款人应获取和使用仅与借款人本身有关的信用信息，以监控借款人的信贷偿还状况，有效管理金融。

10.2 禁止将信用信息用于本法第 10.1 条规定以外的用途。

第 11 条　提供信用报告（Credit Reference）

11.1 信用报告应涵盖特定借款人最近六年的授信信息，且仅向使用者提供。

11.2 使用者应根据已批准的申请，向信用信息供应商提出获取信用信息的请求。

11.3 信用信息供应商应当在法律、合同允许的范围内提供报告。

11.4 信用信息供应商应当具备能够合理提供征信资料的计算机软件。

11.5 获取信用报告的权利只能通过符合法律要求的代理方式转让给注册登记过的使用者，否则不得转让给第三方。

11.6 最初向信用信息数据库提供信息的提供者的姓名、住址、电话、电子邮件地址、提供信息的日期以及数据库最后更新的日期应在信用报告中注明。

11.7 从信用信息数据库向他人提供信用报告时，应将信用报告获取者的姓名及其使用目的添加到信用信息数据库中。

11.8《公司法》第84.1条对信用信息服务供应商为其负责人或股东提供信用报告的规定，应由蒙古国银行制定。

第12条　服务费

12.1 信用信息服务供应商有权收取服务费。按照经营成本、需求和供应对服务进行定价时，应遵守本法第23.4条的规定。

12.2 借款人有权向信用信息服务供应商发函联系，并可每年从信用信息数据库中免费获得一次自己的信用报告。在其他情况下，借款人需支付服务费。

第13条　合同条款

13.1 信用信息服务供应商与信息提供者、使用者订立的关于提供和获取信息的合同，必须载明下列条款：

13.1.1 信息提供者或使用者的名称、地址、银行常用账户；

13.1.2 合同期限，修改、终止、撤销合同的条款；

13.1.3 是否获得借款者许可；

13.1.4 信用信息的种类、数量、时间、提供和使用信用信息的程序；

13.1.5 信用信息的更新和修订过程；

13.1.6 对信用信息保密，不向无权获取信息的人泄露秘密，以及对因未履行该义务而造成损害的赔偿方式；

13.1.7 提供和获取信用报告的规范；

13.1.8 合同当事人的权利和义务；

13.1.9 申诉和争议解决条款。

第三章　信用信息供应商从事的活动：权利与责任

第14条　合同条款

14.1 信用信息服务供应商应从事以下活动：

14.1.1 收集本法第6条规定的与借款人有关的信息，建立信用信息数据库；

14.1.2 根据客户需求和必要性，处理、整理信用信息数据库中收集的信用信息，开发、销售信用报告等产品；

14.1.3 设定借款人借款能力等级；

14.1.4 基于信用信息进行经济分析和市场调研；

14.1.5 蒙古国银行许可的与信用信息有关的其他服务。

14.2 信用信息服务供应商不得从事本法第 14.1 条规定的和/或获得蒙古国银行许可的活动以外的其他活动。

第 15 条　信用信息供应商禁止从事的活动

15.1 禁止信用信息服务供应商从事下列活动：

15.1.1 除法律另有规定外，信用信息服务供应商、其股东、主管机关人员和从业人员不得对信用信息数据库中积累的信息进行发布、披露和滥用；

15.1.2 信用信息服务供应商不得对自己的活动发布不公平的广告，或者提供错误的信息。

第 16 条　信用信息服务供应商的权利和义务

16.1 信用信息服务供应商享有以下权利：

16.1.1 建立信用信息数据库，按照信用信息立法的规定对信用信息进行处理、保存、保护和利用；

16.1.2 有偿提供本法第 22.1 条规定外的信用信息；

16.1.3 对信息提供者提供的信息内容进行审核，对可能存在疑问、不确定、不公平的信息进行核实，不能满足要求的，拒绝接收并要求重新提供；

16.1.4 要求取得能够证明申请人是信息提供者或使用者的证明文件或者代理文件并对其进行审查；

16.1.5 通过获取并审查信息提供者或使用者解释信来监督合同的履行情况，他们对获取或提供有关信息，以及使用信用信息的方式在合同中进行总结陈述。

16.2 信用信息服务供应商具有以下义务：

16.2.1 妥善保存和保护借款人的信用信息，并依法对其进行更新和处理；

16.2.2 将与其订立合同的个人或法人登记为信用信息数据库用户，并为其提供从信用信息数据库中获取信息的权利证明。

16.2.3 只在本法规定的情况下向使用者提供信用报告；

16.2.4 采取一切措施提高安全性和保障信用信息的安全，以防止信息泄露给未经授权的人。

第 17 条　向信用信息数据库输入信用信息

17.1 信息提供者在将信用信息录入信用信息数据库时应考虑以下原则：

17.1.1 信用信息应当公平、准确、明确、完整、可行和便于理解；

17.1.2 信息应当是被法律所允许的；

17.1.3 在发生变更时及时更新信用信息；

17.1.4 信息只能用于本法所述的目的；

17.1.5 应当使用能够保护所提供信用信息机密性的计算机软件和硬件；

17.1.6 信息提供者应在借款人的许可的基础上将信用信息纳入/合并到信用信息数据库中。

17.2 除非法律另有允许，信息提供者不得随意向信用信息数据库中纳入信用信息。

17.3 信息提供者应当根据为获取或提供信息而订立的合同的约定，使用经批准的计算机软件，以电子方式或书面形式向信用信息服务供应商提供信用信息。

17.4 提供信用信息时，信息提供者与信用信息服务供应商应当相互签署能够证明信息传递的电子或书面文件，并应当保存该文件。

第 18 条　修改、更新和处理信用信息

18.1 如果要对已录入信用信息数据库的信用信息进行修改，信息提供者应在三个工作日内向信用信息服务供应商提交修改内容。

18.2 信用信息服务供应商在收到本法第 18.1 条规定的修改内容时，应当立即予以补充，并更新整个数据库。

18.3 信用信息服务供应商应当对处理后的信用信息进行持续性、系统性的分类，将其整理为信用报告和其他产品以出售给使用者，并审查信用信息的公正性。

第 19 条　信用信息的保存、保护和存档

19.1 信用信息服务供应商应当将信用信息数据库中积累的信用信息，自收到之日起，在该数据库中保存 10 年。

19.2 信用信息服务供应商应当确保存储在其信用信息数据库中的信息得到保密性和安全性的保障。

19.3 因未按蒙古国银行规定的标准对信用信息提供良好的安全和保护而造成的损害，信用信息服务供应商应当承担责任。

19.4 一旦本法第 19.1 条规定的期限届满，应当将信用信息移转至蒙古国银行。

第四章　信息提供者、使用者和借款人的权利和义务

第 20 条　信息提供者的权利和义务

20.1 信息提供者享有以下权利：

20.1.1 要求信用信息服务供应商确保信用信息保密方面的安全性；

20.1.2 要求信用信息服务供应商随时反映根据参考资料对特定信用信息所作的修改和修订，以及时处理和充实信用信息；

20.1.3 对已转入信用信息数据库的信息，可要求不得向其添加不公平的、错误的附加信息；

20.1.4 因所提供信息的信息源存在疑点，需要澄清、审查的，可向借款人及其他有关部门查询并要求其配合。

20.2 信息提供者具有以下义务：

20.2.1 核实信用信息的公正性，并向信用信息数据库提供公平的、确定的并符合报告标准的信息；

20.2.2 交换信用信息应当符合本法规定的要求；

20.2.3 如果提供的信用信息不完整或存在遗漏，应立即采取行动进行修改、完善和订正；

20.2.4 不得泄露本法第 6 条规定以外的涉及借款人秘密的信息。

第 21 条　使用者的权利和义务

21.1 使用者享有以下权利：

21.1.1 要求信用报告包含的是公平、准确并确定的信息，该信息内容与其特定的信息源相符合；

21.1.2 如果信用信息有明显错误，可要求借款人、信息提供者或信用信息服务供应商立即修改和更新；

21.1.3 因故意提供错误信息造成损害的，可要求赔偿损失。

21.2 使用者具有以下义务：

21.2.1 仅在法律和合同允许的目的下使用信用报告；

21.2.2 如果确知信用报告中反映的信息有误或不完整的，应立即通知贷款人或信用信息服务供应商，并要求其尽快做出必要修改；

21.2.3 保护信用报告所反映的隐私信息，并避免向第三方转移信息；

21.2.4 如果因为信用报告显示的信息存疑，可能会被篡改或被强制要求修改所导致的，认为有必要进行审查的，要通知到贷款人、信息提供者和信用信息供应商。

第22条　借款人的权利和义务

22.1 借款人享有以下权利：

22.1.1 如有需要，可随时向信用信息数据库索取自身信用报告，并查阅该报告，每年可免费索取一次；

22.1.2 信用信息数据库中的信息不公平或不完整时，可要求信息提供者或者信用信息服务供应商对信息进行修改或者更新。

22.2 借款人具有以下义务：

22.2.1 向贷款人报告本法第6条规定的与信用信息有关的信息；

22.2.2 如果存在违法修改信用信息的情况，应当立即告知法律主管部门。

第五章　授予、暂停、撤销信用信息经营专项许可

第23条　授予经营信用信息业务以特别许可[①]

23.1 经营信用信息业务的特别许可应当由蒙古国银行授予；

23.2 申请人申请办理经营信用信息业务专项许可的，应当提交《蒙古国经济实体许可法》第11.1.1条和第11.1.2条规定的文件，并提交以下文件：

23.2.1 拟从事信用信息服务供应商管理工作的股东或主要管理人员姓名、身份证复印件、电话号码和电子邮箱地址；

23.2.2 持有该法人机构股份百分之五以上的股东，应当披露其投资资本

① 信用信息业务可理解为征信业务。

的比例和数额；

23.2.3 即将在信用信息服务供应商处从事高层管理工作的关键人员，其主要教育和工作经历，能够证明其是否从事过犯罪活动和是否有逾期信贷责任的文件应当予以披露；

23.2.4 商业计划书；

23.2.5 能够证明申请人具备适当的软硬件条件，能够满足保障信用信息数据库安全的所有要求的文件；

23.2.6 从使用者角度对信用信息数据库进行信息交换的规定，合同要准确地规定使用者的权利义务；

23.2.7 道德准则，包括机构内部和外部活动的原则和责任；

23.2.8 能够证明该实体保留了蒙古国银行规定的最低资本金要求的文件。

23.3 蒙古国银行有义务接受本法第23.2条规定的申请以及与申请有关的随附文件，并决定是否给予经营信用信息业务的特别许可，其决定应当在其收到申请之日起30日内书面通知申请人。

23.4 关于信用信息业务经营特别许可，建立信用信息数据库，处理/整理、保留、保护、转让信用信息和信用信息服务定价的规定应当由蒙古国银行制定。

23.5 未经特别许可而经营信用信息业务的实体，不得使用“信用信息数据库”这一名称。

第24条　拒绝授予经营信用信息业务之特别许可的依据

24.1 在以下基础上，蒙古国银行应当拒绝授予经营信用信息业务的特别许可：

24.1.1 提交的申请及所附文件不符合本法第23条规定；

24.1.2（该企业的）成立合同（设立规则）和章程不符合法律规定；

24.1.3 未能按照本法规定配备优质硬件和软件以最大限度保证信息隐私和安全，并且/或者管理人员不具备足够的资质。

第25条　暂停对经营信用信息业务的特别许可

25.1 除《蒙古国经济实体许可法》第13条规定的依据外，蒙古国银行还可以在以下情形暂停信用信息业务经营的特别许可：

25.1.1 经股东会议决定，信用信息服务供应商正在进行合并或拆分形式的重组时，应当暂停（其信用信息业务经营的特别许可），直至重组程序结束；

25.1.2 未按照蒙古国银行的要求履行本法规定义务以满足本法规定的要求的，暂停（其信用信息业务经营的特别许可），直至其采取行动消除不合规状况。

第 26 条　撤销经营信用信息业务特别许可的依据

26.1 除《蒙古国经济实体许可法》第 14.1.1 条至第 14.1.5 条规定的依据外，蒙古国银行还可以在以下情形撤销进行信用信息运营的特别许可：

26.1.1 在此前三个月未能达到本法规定的要求的；

26.1.2 其设立文件和其他作为特殊许可的主要依据的文件确定是虚假的或者与事实不符的；

26.1.3 故意散布错误的和不完整的信息，以错误方式对信用信息数据库进行修改的；

26.1.4 经特别许可后一年内未开业或经营的；

26.1.5 非法使用信用信息，严重违反本法和其他有关法律规定，对他人造成重大损害的。

26.2 撤销信用信息经营特别许可的理由，应当在有关决议中载明。

26.3 如果蒙古国银行撤销了对信用信息服务提供商的特别许可，或者拒绝授予其特别许可，蒙古国银行应当在此后 6 个月内不接受该供应商的重新申请。

第 27 条　信用信息服务供应商的重组或清算

27.1 股东会可以决议对信用信息服务供应商进行重组或者清算，此种情况应当经蒙古国银行批准；

27.2 为获得重组或清算信用信息服务提供商的许可，应当向蒙古国银行提交以下文件：

27.2.1 股东会关于重组或清算的决定；

27.2.2 包含为合理停止信用信息数据库运营而对其采取的处置措施、其执行阶段，以及重组或清算的方案、形式和时间的内容的文件；

27.2.3 对重组将产生的影响的预测，以及如果信用信息服务供应商的权利和义务转移到其他实体，该实体的财务报表需要公开。

27.3 如果蒙古国银行批准特定信用信息服务供应商的重组，蒙古国银行应当将该信用信息转移到重组后创建的信用信息服务供应商。

27.4 信用信息服务供应商进行清算时，应当将信用信息数据库转移给蒙古国银行。

第六章　蒙古国银行的信用信息数据库①

第 28 条　与蒙古国银行数据库的信息交换

28.1 蒙古国银行控制的信用信息数据库，应当从银行、非银行金融机构、其他合法经营信贷业务的金融机构、国家机构和其他实体收集信息，以保持金融业的稳定。

28.2 银行、非银行金融机构、储蓄信用合作社、融资租赁公司和国家机构，均应定期将所有个人和单位的信用信息提供给蒙古国银行信用信息数据库。

28.3 根据法律和有效合同，蒙古国银行信用信息数据库的信息应当在其书面和电子查询的基础上与其他信用信息服务提供商进行交换。

28.4 蒙古国银行信用信息数据库与信用信息服务供应商之间信息交换的规定由蒙古国银行规定。

28.5 禁止蒙古国银行使用信用信息数据库进行营利。

第七章　责任

第 29 条　违反信用信息法律的责任

29.1 违反《信用信息法》的行为尚未构成犯罪的，蒙古国银行监管者应当对违法者给予以下行政处分：

29.1.1 违反本法规定，在信用信息中输入本法禁止输入的信息的，处其每月最低工资 10—20 倍的罚款；

29.1.2 信息提供者、信用信息服务供应商在收集、提供信息过程中违反

① 相当于人民银行征信中心作为国家金融信用信息基础数据库。

本法规定的，违法者应被处以其每月最低工资标准50—100倍的罚款；

29.1.3 违反本法第7.2条的个人应被处以其每月最低工资10—30倍的罚款，相关管理人员应被处以其每月最低工资30—50倍的罚款，商业实体和组织应被处以其每月最低工资50—70倍的罚款；

29.1.4 违法使用信用信息或出于非法目的利用信用信息的，违法者应被处以其每月最低工资标准50—100倍的罚款；

29.1.5 因未为信息隐私提供适当的安全和保障条件而对他人造成损害的，违法者应被处以其每月最低工资50—100倍的罚款。

29.2 信用信息服务供应商及其工作人员对信息提供者最初提供的信息的公平性不承担任何责任。

第30条　法律效力

30.1 本法自2012年1月1日起施行。

国会发言人　D. DEMBEREL

蒙古国法

日期：2011年10月26日　　　　乌兰巴托市国宫

中央银行（蒙古国银行）法修正案

第1条　《中央银行（蒙古国银行）法》增加了具有以下含义的条款：

“第19^{1}条

第19^{1}条　给予信用信息业务经营特别许可并对其进行监督

1. 授予、拒绝、暂停、撤销信用信息业务经营专项许可并对其进行监督的活动，应当依法予以规范，以维护金融业的稳定。”

“第25^{3}条

第25^{3}条 对提供信用信息服务的法人进行监督

1. 蒙古国银行应当对依照本法第24条规定提供信用信息服务的法人进行监督。

2. 蒙古国银行应当对与信用信息数据库运营相关的所有投诉进行审查，

并向相关人员施以修改信息并使维持其可靠性的义务。

3. 蒙古国银行应每年接收和审查独立审计机构对信用信息服务提供商法人的经营情况所作的报告。”

第 2 条　本法自信用信息法施行之日起施行。

国会发言人　D. DEMBEREL

蒙古国法

日期：2011 年 10 月 20 日　　　　乌兰巴托市国宫

银行法修正案

第 1 条　《银行法》第 7 条增加了具有下列具体含义的第 7. 2. 6 条：

“7. 2. 6 依法向信用信息数据库提供信息”

第2条　本法自信用信息法施行之日起施行。

国会发言人　D. DEMBEREL

蒙古国法

日期：2011 年 10 月 20 日　　　　乌兰巴托市国宫

合作社法修正案

第 1 条　合作社法增加了具有以下含义的第 48^5 条：

“第 48^5 条　借款人的信用资料

48^5. 1 合作社可以将借款人的信用信息提供给信用信息数据库，也可以根据合同从该数据库接收信息，目的是使贷款可靠，并尽量减少其业务固有的风险。”

第 2 条 **本法自信用信息法施行之日起施行。**

国会发言人　D. DEMBEREL

蒙古国法

日期：2011 年 10 月 20 日　　乌兰巴托市国宫

国家财产所有权和其他相关财产权利登记法修正案

第 1 条 **《国家财产所有权和其他相关财产权利登记法》第 6 条增加了具有以下含义的第 6.8 条：**

“6.8 如果可能有关于借款人财产所有权的存疑的或不可靠的信用信息在信用信息数据库中，并且信用信息服务供应商法人要求对这些信息予以确认，可以免费向其提供有关权利登记的详细信息。”

第 2 条 **本法自信用信息法施行之日起施行。**

国会发言人　D. DEMBEREL

蒙古国法

日期：2011 年 10 月 20 日　　乌兰巴托市国宫

蒙古国营业执照法修正案

第 1 条 **《蒙古商业实体许可证法》第 15 条增加了具有以下含义/性质的第 15.3.9 条：**

“15.3.9 经营/从事信用信息业务。”

第 2 条 **本法自信用信息法施行之日起施行。**

国会发言人　D. DEMBEREL

第二篇　柬埔寨

（一）柬埔寨征信系统简介

柬埔寨（Cambodia）人口约1500万，属于新兴市场国家；柬埔寨是东南亚国家联盟成员国，经济以农业为主，工业基础薄弱，是世界上最不发达国家之一，2018年GDP为245.72亿美元，人均GDP为1,512美元（国际汇率）。

柬埔寨只有一家征信机构——柬埔寨征信局（Credit Bureau Cambodia，CBC）[①]，其中，柬埔寨政府占股51%，新加坡机构占股49%，在建设过程中存在一些经验和教训。

CBC是为柬埔寨王国的金融机构和消费者提供金融信息、分析工具和信用报告服务的领先提供商。在柬埔寨国家银行（NBC）、柬埔寨银行协会（ABC）、柬埔寨小额信贷协会（CMA）和国际金融公司（IFC）的大力支持下，该征信局于2004年成立。在此之前，为响应金融部门建立一个公平、透明和管理良好的信贷市场以支持该国经济增长的要求，柬埔寨成立了征信局工作委员会以启动征信局的成立。随后，发布了管理条例（RFP），并于2010年完成了对供应商合作伙伴关系的选择。2011年5月通过了信用报告的管理条例，柬埔寨征信局于2012年3月19日正式运营。

CBC协助其客户管理商业和财务决策的风险和回报。使用全面的信用报告工具套件，可以增进对个人、市场和柬埔寨经济的了解。CBC帮助组织寻找、发展和管理客户关系，使他们的业务更有利可图。此外，CBC还通过向消费者和行业提供准确的实时数据来帮助他们控制业务财务方面，从而提高财务稳定性。CBC帮助柬埔寨的企业管理信用风险，防止欺诈并自动进行决策。CBC还帮助柬埔寨的个人检查其信用报告，以确保他们能够获得贷款和

---

① https：//www.creditbureau.com.kh/.

融资。截至2019年8月底，CBC有165个成员，包括银行、小额信贷、租赁公司和农村信贷运营商。

根据CBC的2018年年报，为157个金融机构（银行、小微金融机构、租赁公司和农村信贷机构）提供了服务，营收折合约为3,600万元人民币（Outstanding Balance），活跃的借贷者为32.81万人。CBC目前不仅提供消费者信用报告（分为个人查询版信用报告和信贷机构查询版信用报告），还提供商业信用报告（Commercial Credit Report），以及信用评分（K-score），信贷组合检测（Portifolio Monitoring），数据分析报告（Data Analytics Report）和客户解决方案（Customized Solution）。

CBC目前有两大持股方：征信局控股（柬埔寨）有限公司［Credit Bureau Holding（Cambodia）Limited（CBHC）］占股51%；艾奎法克斯——柬埔寨控股和私人有限公司（Equifax Cambodia Holding PTE Limited）占股49%。（新加坡的NSP亚洲投资公司和美国艾奎法克斯共同成立的持股平台）

柬埔寨征信体系建设历程

在政府和相关各方的有力支持下发展个人征信机构①

2006年，柬埔寨国家银行（NBC，柬埔寨中央银行）在全国性银行中开展信用信息共享试点工作。虽然其系统在结构和功能上有一定局限性，但却为NBC提供了宝贵的信息和经验。虽然只有银行参与试点工作，但微型金融机构和其他信贷机构也表示有信用信息共享需求。因此，NBC决定扩大信用信息共享范围，并希望国际金融公司和世界银行给予帮助。

国际金融公司帮助柬埔寨国家银行设计了符合柬埔寨实际需求的监管框架。该框架建议由世界银行金融基础设施部门提出，并得到当地法律界权威人士的支持。国际金融公司也为监管法规的出台付出了许多努力，就法规草案广泛征集各方的反馈意见，积极推动法规的顺利通过并得以执行。

在柬埔寨国家银行的邀请下，国际金融公司对柬埔寨银行业和微型金融市场进行了深入的调查研究，以测评本地信贷行业对共享某些敏感信息的能力和意愿。结果显示，两个行业都支持将信用信息共享和信用报告查询作为

① 资料来源于国际金融公司（IFC），信息更新到2012年。

强制要求。由私营机构牵头建立全面服务于信贷行业、零售业及公用事业的综合征信机构想法也得到广泛支持。基于国际金融公司的建议，NBC 决定设立私营个人征信机构，同时继续在整个建设过程中发挥关键作用。国际金融公司首先与柬埔寨两家协会（银行业协会和微型金融协会）合作建立私营个人征信机构。这个过程需要在当地法规支持下，通过与相关各方的无数次磋商，确定最佳商业经营模式和包括入股注资、董事选举、股利支付等内容在内的商业规则（体现在协会备忘录中）。

银行与微型金融机构联合成立工作组，制订征信机构发展计划，确定技术提供方和战略合作伙伴。国际金融公司帮助相关各方和柬埔寨国家银行根据市场需求，设计公开透明的程序来评选技术提供方。

在确定了战略合作伙伴后，来自当地银行、微型金融机构和柬埔寨国家银行的主要代表组成执行委员会，负责制定征信机构的业务章程和细则。重点是与技术合作方开诚布公地讨论这些细则并达成共识，因此，国际金融公司举办了一个论坛，广泛听取信贷机构的想法和不同要求。但是在数据质量和有效性方面还存在诸多问题，导致这些问题的原因包括：不同信贷机构的技术水平和储备资源差异较大；信息有的用英语记录，有的以本地语言记录；记录了大量无关信息；缺少身份唯一标识等。相关各方都需投入大量时间和资源来整理他们的数据库。有些机构则以征信机构的建立为契机，加大银行核心系统的改造投入以加强自身内控管理。有的较小的微型金融机构的信贷管理系统已不能满足业务需求，因此国际金融公司与一家法国的多边组织一起帮助他们进行系统改造。新系统提升了他们的客户服务能力，同时也在满足法规要求的条件下与征信机构实现互联。

征信产品的定价问题是一个解决起来相当耗时的关键问题，尤其是对规模较小的微型金融机构的定价。尽管微型金融机构实际上是征信系统的最大使用者和受益者，但由于微型金融机构的单笔放贷金额较小，因此他们希望银行机构能够承担征信服务的大部分的费用。国际金融公司主持召开了多轮研讨并提供国际定价标准供各方协商，最终决定执行一段时间的收费试行期，试行期间单笔 500 美元以下的贷款只收取基准查询费用，单笔 500 美元以上的查询费则略高于基准费用。试行期结束后，对数据使用和定价进行再评估，最终确定能满足征信机构可持续发展和投资方均可接受的定价模式。国际金融公司还为柬埔寨国家银行的代表安排了在埃及、秘鲁及新加坡的实地考察，以便柬埔寨国家银行更深入地了解这些国家的央行在征信系统建设方面如何与私营机构紧密合作，创造良好的外部环境。

经过广泛的协商，柬埔寨国家银行正式颁布了能满足柬埔寨市场需求的征信法规。这套法规包含一些特殊的规定，比如 NBC 有权任命私营个人征信机构的一名董事会成员，并规定应有一名独立董事以代表股东利益。该法规还规定所有受监管的信贷机构都有义务向征信机构报送所有贷款的信息（无论贷款规模的大小），要求所有新贷款的审批、现有贷款的展期重组都必须查询信用报告。出台这些规定旨在提升放贷质量、增加无抵押担保融资渠道，并避免借款人过度负债问题。根据法规规定，征信机构的定价政策必须经柬埔寨国家银行领导的、由 5 ~ 11 名成员组成的独立征信委员会签署通过方能生效。设立该委员会的目的主要是防止征信服务收费过高，同时也反映了微型金融机构在柬埔寨信贷市场的重要性。

信贷机构有 9 个月时间来升级系统并按要求报送数据，否则将面临处罚。由于柬埔寨的银行和微型金融机构加起来有 68 家（业务量从 150 笔到 40 万笔不等），要实现系统对接和数据匹配，征信机构还将应对这些特殊挑战。这套法规还涵盖了其他一些一般条款，如合规的信息使用目的、数据源、数据采集、数据质量与保存期限、安全保障、消费者权益、数据查询、异议处理、违规与罚则等。

在国际金融公司的帮助下，新西兰的威达优势（Veda Advantage）公司被选为战略合作伙伴，最终成立了私营的柬埔寨个人征信机构。该机构经央行核准，于 2012 年 3 月 19 日正式营业。第一批数据上报涉及 67 家银行和微型金融机构的 140 余万笔贷款，这是一个巨大的成就，也证明了银行和微型金融机构开展数据清理工作的成效。同时柬埔寨一些大型银行也决定投资这家个人征信机构，因此最终当地股东持股 51%，威达优势公司持股 49%（股权之后发生了变动）。威达优势公司以其在征信市场和公司经营发展方面丰富的经验使其成为一位非常称职的技术和战略合作伙伴。威达优势公司和新加坡个人征信机构合作，为当地股东提供专业的双语培训，这对该征信机构的成功运作也至关重要。

征信的成效一般需要七年的时间才能够显现出来，因此目前时间尚短，难以见效，但一些征信的统计数据还是值得关注的。最初上报的140万条信贷记录显示贷款余额已达36亿美元，其中女性借款人的占比达97%；有多笔贷款的借款人占总数的13%，有过度负债的潜在风险。

柬埔寨个人征信机构成功地在较短时间内得以运营，证明了吸纳当地股东和吸收国内外经验的重要性。

（二）柬埔寨征信条例

信用报告管理条例①

柬埔寨国家银行②行长

—参照柬埔寨王国宪法；

—参照1996年1月26日颁布《柬埔寨国家银行组织和行为法》（Royal Kram NS/RKM/0196/27）；

—参照2006年12月29日颁布的《柬埔寨国家银行组织和运作法》对第14条和第57条的修正（Royal Kram NS/RKM/1206/036）；

—参照1999年11月18日颁布的《银行和金融机构法》（Royal Kram NS/RKM/1199/1）；

—参照2008年5月13日颁布的皇家法令（NS/RKT/0508/526），任命Chea Chanto阁下为柬埔寨国家银行行长，相当于高级部长；

—根据监察总局的要求；

—根据2011年5月9日柬埔寨国家银行高级官员会议达成的协议。

制定本条例。

第一章 一般规定

第1条 目的

本法的目的是为柬埔寨建立征信系统（Credit Reporting System，简称征

① 英文名字是：Prakas On Credit Reporting，Prakas是柬埔寨的专门用法，意为部门规章，由各部部长根据其行政权力发布，相当于我国央行所主导的《征信业管理条例》。该《信用报告管理条例》以个人信贷为主，也涵盖了企业金融信贷业务。

② 柬埔寨国家银行（National Bank of Cambodia，NBC）是柬埔寨中央银行，总部位于金边。该银行职责包括：货币和汇率政策，监管银行和金融机构，发行国家货币。它于1954年成立。

信系统)[①] 提供适当的框架，以促进可靠、有竞争力和负责任的贷款。

第2条 定义

—“不利行为”：指基于信用报告中包含的信息导致拒绝授信或改变授信或贷款的条件和条款。

—“授权用户”：指有权访问（上传和下载）数据库的每个最终人员。它包括数据提供者的指定员工，征信机构（Credit Reporting System Providers)[②] 的员工和柬埔寨国家银行（NBC）的指定员工。

—“营业日”：指柬埔寨银行开展商业交易的日子。

—“行为准则”：指柬埔寨国家银行（NBC）和授权用户协议中达成的规范征信系统的法律法规。

—“开始日期”：指征信系统开始向其数据提供商和授权用户提供信用报告活动（CRA）的日期。

—“同意”：指由消费者签署的书面和自愿授权，允许数据提供者将他/她的信息输入信息系统（征信系统）并与授权用户共享，用于本规定的目的。

—“消费者”：指与贷方签署的有合同关系或由其签署的借贷申请或任何其他合法原因，其数据已经（或可能已）包含在征信系统中的任何法人或自然人[③]。

—“涵盖实体”：指法律中所定义的银行和金融机构实体，或者其他被柬埔寨国家银行（NBC）所批准的金融机构，本文中为了便于理解，将“涵盖实体”翻译为持牌金融机构，“非涵盖实体”翻译为非持牌金融机构。

—“信用信息”：指与消费者的经济和金融债务有关的信息，包括偿还历史、担保、可公开获得的信息和与信贷决策相关的任何其他数据。

—“征信系统”（CRS)：指能够实现信用信息在所有持牌金融机构（主要是信贷机构）之间进行交换的机构、规则和标准、技术和数据。

—“信用报告活动”（CRA)：指属于本法范围内的任何活动，包括提供

① 英文为 Credit Reporting System（征信系统），直译为信用报告系统，为了便于理解，此处翻译为征信系统，下同。

② Credit Reporting System Providers，CRSPs，为了便于理解，此处翻译为征信机构，下同。

③ 此处的法人指的是 legal person。

信用报告和其他相关服务，可以理解为征信活动。

—“征信系统服务提供商（征信机构）”：指开展征信活动，并从柬埔寨国家银行（NBC）获得经营许可的任何实体。

—“数据提供者”：指持牌金融机构（涵盖实体），和以任何形式提供了信用服务并自愿向征信系统提供信息的机构实体。

—“正面信用信息/信用数据”：指消费者的信息或数据，包括贷款申请，总信用风险敞口诸如贷款规模、期限、条件和条款以及抵押。

—“负面信用信息”：指消费者和数据提供者之间有关逾期、未付、核销或者信贷交易违约状态的相关信息。

—“互惠规则”：指确定数据提供者之间相互信息交流和合作水平的一套规则。

—“咨询委员会”：指由数据提供者、独立专家、董事会、柬埔寨国家银行（NBC）和其他有关当局组成的咨询委员会。

第二章　建立征信系统和牌照许可制度

第3条　建立征信系统

必须建立有效、安全和可靠的信用报告体系，以确保公平和公正地对待数据提供者和其他信用市场参与者。

该信用报告体系（征信系统）必须由柬埔寨国家银行（NBC）监督。

第4条　禁令

1. 未经柬埔寨国家银行（NBC）许可，任何人不得从事征信活动或向公众公开自己的信用报告活动。

2. 除依法成立的商业企业法人外，任何人不得获准从事信用报告活动。

3. 本条不适用于柬埔寨国家银行（NBC）的信用报告活动。

第5条　申请牌照

任何有意开展征信活动的人，应在签署许可申请样本后，向柬埔寨国家银行（NBC）申请许可。

第6条　申请征信牌照许可时提交的文档

申请许可证时，应附上下列资料和证明文件：

（1）有关公司法律地位的相关文件。

（2）创始人之前在银行和信贷领域的经验陈述，包括利益相关者名单、投资金额以及与其他公司的投资关系。

（3）董事会成员应具备合适的资格。

（4）管理团队拥有大学学位或者在信贷市场、银行或金融部门的工作经验。

（5）组织架构、征信系统运行的3年预测、信息系统、内部流程和操作手册。

（6）商业计划的可行性分析，支持业务的基础设施或与其他提供商的相关协议。

（7）所有权和治理结构，包括董事会的组成和选择标准。

（8）商业可持续性计划。

（9）建议的定价政策。

（10）行为准则和系统运作的其他相关规则。

（11）有关各方遵守行为守则的声明。

柬埔寨国家银行（NBC）应要求提供评估申请所需的其他相关文件。

第7条　申请程序

所有应征者应将书面申请连同所有相关文件送交柬埔寨国家银行（NBC）。柬埔寨国家银行应当在申请证明文件和缴费成功接收后的90天内，向申请人发出书面通知，明确是批准还是拒绝。

第三章　信息使用的规则

第8条　征信服务的目的

提供征信服务应具有以下目的之一：

（1）评估与信贷申请有关的消费者的信用水平（Creditworthiness）与过度负债。

（2）支持柬埔寨国家银行发挥监督作用，包括监测金融系统的信贷流动、分析数据、编制金融稳定报告、监督银行和金融机构。

（3）评估信用风险，和/或审查或提供信贷或贷款。

（4）评估与延期付款交易相关的风险。

（5）帮助消费者确认在信用报告中他或她的信息的准确性。

（6）为了评估或审计征信系统的效率，可靠性以及合法合规性。

除本条规定的用途外，不得将征信系统中包含的信息用于其他目的，除非获得了特定消费者的同意。

第9条　确保数据质量的相关方的义务

征信机构和数据提供方应尽最大努力确保收集、使用或披露的消费者信息准确、完整和及时更新。数据应通过合法和正当的方式收集，并应仅包括必要的信息，如消费者的有效身份证明和信贷偿还历史。征信机构和数据提供方应对以下内容负责：

1. 征信机构应：

（1）制定适当的程序以确保信息的完整性和准确性；

（2）确保数据根据行为准则不断更新；

（3）建立适当的数据更正和删除机制，确保在过去3个月内访问错误数据的所有用户都充分了解并被告知了该错误，并根据“行为准则”中规定的时间框架更正数据，以及建立适当的机制确保在过去3个月内有权访问数据的所有用户都知道此类错误并收到正确的信息，并且向消费者发送一份信用报告；

（4）对于因重大疏忽或者鲁莽行为而导致的信用信息处理或分发过程中发生的任何数据错误，应向数据提供者、用户、消费者负责。征信机构应：

—立即纠正数据并建立适当的机制，以确保最近三个月访问过数据的用户对这种文档错误的知情权并收到更正后的正确信息；

—收到更新报告的副本并根据征信机构存档的初始地址向消费者提供该报告；

—对因重大过失或者鲁莽行为使消费者的金融声誉遭受实质性损害的任何索赔承担责任；

—尽一切可能减轻消费者因数据错误遭受的损失。

（5）对数据提供者、授权用户、柬埔寨国家银行或者任何第三方因提供信用信息或者数据报告的延迟、中断或者失败提出的索赔都应负责，除非它们是由政府命令，蓄意破坏，暴乱，故意破坏财产、网络服务提供商拒绝服务，或任何超出了征信系统合理控制原因引起的；

（6）不得转让，出售或出租由数据提供者或者授权用户提交的信用信息。

2. 数据提供者应：

（1）对发送给征信机构的任何错误信息负责；

（2）对因重大过失或者鲁莽行为产生错误，而使消费者的金融声誉遭受实质性损害的任何索赔，依照本规定第 26 条规定的冲突解决机制中的决定，均应承担责任；

（3）通过建立所有必要的政策和程序，减轻消费者因数据错误而遭受的损失。

每个数据提供者都应创建自己的信用评估规则。信用信息和征信系统提供的其他服务应该被视为信贷风险决策过程的一个工具，但该决策不应该仅仅基于从征信系统获得的信用信息。

第 10 条　数据安全

征信机构和数据提供者应该确保数据库在任何时候的完整性和安全性。为了防止误用或未经授权的访问、数据丢失或数据损坏，所有必要的步骤必须具备以下规则：

1. 征信系统应具有确保数据恢复和灾难计划的系统、流程和程序，以防止数据丢失或数据损坏：

（1）只有授权用户才能访问数据库；

（2）根据本规定第 8 条，征信机构应建立适当的机制，以确保数据仅用于允许的目的或经消费者同意的其他合法目的。

2. 数据提供者应确保具有足够的安全保障措施、政策和程序。征信系统运行方面的安全保障措施和政策应由征信系统的董事会和柬埔寨国家银行批准。所采用的措施应从技术和组织的角度反映出来。

第 11 条　数据保存期限

1. 如果信息是正面的，征信系统收集的信息将在偿还或结算截止日期之后的十（10）年内返还给数据提供者（之后不保存）；

2. 法院判决数据将在执行之日起三（3）年后返还（之后不保存）；

3. 破产数据将从破产解除之日五（5）年内返还（之后不保存）；

4. 负面信息将在付款截止日期后的三（3）年内返还。

第 12 条　消费者权利

征信系统及相关方应确保：

（1）个人数据方面的权利受到尊重；

（2）征信机构应建立一个专门的部门，并具有明确的规则和程序来处理个人关于其数据的索赔和请求；

（3）与消费者的政治倾向、信仰、肤色、种族以及个人私人信息相关的数据将不会被收集并存储在征信系统中；

（4）数据将被收集用于第 8 条规定的被允许的目的。数据被采集或用于不符合第 8 条规定的目的时，需要消费者明确的同意。

第四章　数据提供者

第 13 条　持牌金融信贷机构（涵盖实体）

1. 所有持牌金融信贷机构都必须每月向征信系统提供正面和负面信息。任何未能提供和/或允许访问数据的行为均应受到适用法律的制裁；

2. 应获得消费者的授权以进行数据收集和数据访问。柬埔寨国家银行将建立一个标准的授权同意形式以供所有涵盖实体使用；

3. 规定采用其系统按月提供数据的时限为 9 个月后；

4. 任何数据提供者之间都不会有歧视，征信系统将在公平的条款下对所有参与者提供服务。

第 14 条　其他数据提供者和用户

1. 在事先征得消费者和柬埔寨国家银行同意以及获取了信息数据之后，非持牌金融信贷机构（非涵盖实体）应该向征信系统提供数据以及允许征信系统访问数据；

2. 所有数据提供者以及用户，无论是否由柬埔寨国家银行监管，都将受到此规定中相同的规则、义务和制裁的约束；

3. 根据互惠规则，不报告所有要求信息的机构实体，将不能访问由其他数据提供者提交的其他给征信系统的所有信息；

4. 当其在柬埔寨信贷市场开展的业务被柬埔寨国家银行认为很重要时，柬埔寨国家银行可以任命其为新的数据提供者。

第五章　征信系统的管理

第 15 条　公司治理

1. 任何在柬埔寨运行的征信机构均应由至少 7 人的董事会控制，其中一名董事应该是柬埔寨国家银行的代表，另一名为独立董事。

2. 董事会的成员应在银行及金融系统方面拥有足够的资历。任何人如具有以下任何一项指控，将不得聘为董事会成员：

（1）犯罪；

（2）盗窃、伪造、欺诈或重大失信行为；

（3）挪用公款；

（4）高利贷；

（5）洗钱和资助恐怖主义；

（6）签发不兑现支票；

（7）个人破产，资产被接收或资产清算。

3. 首席执行官应由董事会提名。在下列情况下，任何人不得担任首席执行官：

（1）被判犯罪；

（2）是未成年人或法律上的残疾人；

（3）被判犯有涉及盗窃或欺诈行为导致经济损失的罪行；

（4）在十(10)年内因滥用职权或腐败而被免职；

（5）被判有涉及不诚信行为的罪行；

（6）是任何其他数据提供者的首席执行官或者董事会成员。

4. 征信机构应建立一个专门的部门保护消费者权益，负责征信系统的运行以及提供保障措施；

5. 董事会应负责确保征信系统得到审慎管理并符合任何适用法律和法规的要求。

第六章　征信系统的运行

第 16 条　数据来源

1. 征信系统将从以下渠道收集、加载和传播有关个人和公司的信用信息和相关数据：

（1）持牌的金融信贷（涵盖实体），使用者和其他数据提供者；以及

（2）通过合法手段获得的公开信息。

2. 征信机构可访问公开渠道获得信息以及其他来源获得的信息，包括：

（1）负责商业登记，不动产登记和其他财产权登记的机构或组织；

（2）负责保存身份证、户口簿、护照或税号等身份证明文件的机构或组织。

3. 征信机构可以通过合法手段收集法院判决和破产程序信息。

第 17 条　收集和分配

1. 征信系统将根据最可能的知识（best possible knowledge）收集，处理和存储从数据提供者以及其他渠道获得的信息，包括防止数据滥用、未经授权访问和数据丢失、提供故障的操作准则。征信系统将引入质量控制程序，以确保服务的连续性。

2. 数据提供者应根据征信机构与咨询委员会协议确定的信用报告布局和格式提交完整的贷款组合信息。初始格式将遵循附件 1（文件布局）中指示的信用报告布局。它将包括两部分，一部分包含借款人和担保人的可识别信息，另一部分包含与信贷交易有关的数据。

3. 数据提供者应在被通知日期开始的 90 天内提供第一个文件。

（1）征信系统应在数据被接收的 5 个工作日内，加载从数据提供者获得的所有符合文件布局的相关数据。

（2）所有数据提供者应在至少下个月的第 5 日之前，提供每个月信用信息的完整更新。

（3）该文件应以董事会创建并经理事会批准的格式提供。

4. 征信机构应当对征信系统数据库负责，并向本规定、行为准则以及柬埔寨国家银行制定的适用法规下的所有持牌金融信贷机构（涵盖实体）、数

据提供者以及其他授权用户提供信用信息服务。

5. 征信机构应对其员工引起的系统故障或数据滥用而导致的数据泄露负责。

6. 信用信息不得被任何持牌金融信贷机构（涵盖实体），数据提供者或用户出售或者披露给第三方。持牌金融信贷机构（涵盖实体）、数据提供者或授权用户，不得将从征信系统获得的信息向其现有用户之外的第三方提供服务或开展营销活动。

7. 征信机构可以修改服务的条款和条件，以保证或改善服务的性能。征信系统应当在新条款生效前60天内向数据提供者发送通知。

第18条　访问征信系统

1. 在收到任何新的贷款申请，或现有信贷额度发生续期或延期时，无论贷款金额如何，所有涵盖实体应使用征信系统分析申请人的信贷偿还行为。

（1）征信系统的访问应仅限于行为准则条款下的数据提供商或者授权用户。

（2）征信机构应建立流程、程序和规则来确定如何给用户进行授权。

2. 其他非监管数据提供者应当在自愿的基础之上提交信用信息，遵守互惠原则和行为准则。

3. 征信系统 Ps 应保证服务安全、稳定和可用，并应确保在征信系统是完全有能力为数据提供者和授权用户提供服务。

4. 征信机构对于因任何数据提供者或者授权用户共享或者公开访问代码或者密码而导致的非授权访问概不负责。

5. 所有的数据提供者和授权用户应遵循在行为准则中采取和包含的安全保障措施程序。

第19条　其他服务

在引入任何新的服务或者产品之前，征信机构应向咨询委员会请求指导。咨询委员会应基于产品对所有债权人的公平性以及对消费者的影响，给出一份带有结论的报告。该委员会应在收到请求之日起30日内提供报告。

第20条　定价政策

1. 征信机构可根据所提供的服务，根据透明的政策对其服务收取费用或罚款。

2. 征信机构对价格政策的任何修改，应当在制定前取得柬埔寨国家银行的批准。柬埔寨国家银行应审查（consider）此类申请和相关文件，在 15 个工作日内批准或者拒绝。

第七章　消费者权益

第 21 条　消费者权益告知

1. 通过同意条款的方式，数据提供者应通知任何贷款申请的消费者，续展或延长提交给征信系统的相关信贷信息。同意条款应包括下列：

（1）该数据提供者的名称；

（2）收集该信用信息的目的；

（3）征信机构的姓名和地址；

（4）获取信用信息的手段，以防需要纠正或修改信用信息；

（5）持牌金融信贷机构以及非持牌金融信贷机构（涵盖实体以及非涵盖实体），当成为数据提供者时，应在贷款申请表中包含消费者权益告知，并建立诸如附件 2 和附件 3 中的标准同意表格。

2. 当一个不利于消费者的情况发生时，作为征信系统查询的结果，数据提供者应该在 5 个营业日内通知消费者。

第 22 条　保密性

1. 信用信息是保密的，并应仅用于第 8 条中所阐述的被允许的目的。应严格执行保密性规定，数据提供者或者授权的用户不得以出售等其他方式向任何第三方提供此类信用信息。

2. 只有经过授权的用户、柬埔寨国家银行和征信机构能够访问信息并且始终严格履行职责。征信机构应该采取一切必要措施确保征信系统的董事和员工定期维护信用信息的保密性。征信机构应采取一切合理的措施，以防止未经授权的访问，并应建立执行安全保障政策和程序来管理信用信息的访问。

3. 柬埔寨国家银行有自由访问征信系统的权力，以获取其监管持牌金融信贷机构（涵盖实体）的信用信息，以及与非持牌金融信贷机构（非涵盖实体）相关的其他信息，以监控整体金融稳定。

4. 柬埔寨国家银行有权访问征信系统，以履行其征信监管职能，保持该征信系统的高效、透明、公正和合法运作。

5. 征信机构、授权用户和数据提供者的董事和雇员应在访问信用信息或者征信系统之前签署保密协议。

第 23 条　信息权利（消费者的知情权）

1. 消费者有权要求每年披露一次与他/她有关的信用报告。

（1）应在请求收到起 10 个营业日内按照征信系统存档的初始地址提供该报告。消费者可以以征信机构的更新速度请求即时报告。

（2）消费者应该在获得信用信息之前充分了解自己的金融状况。

（3）征信机构应该每年向消费者提供一次其信用报告，包括在过去 6 个月内访问过他们信用信息的数据提供者的名称和列表。

2. 消费者有权在任何时候请求校正任何不正确或不完整的信用信息。

（1）当收到更正不正确或者不完整信用信息的请求时，征信机构应当通知有关数据提供者，并将所有相关信息发送给该数据提供者，以便在 10 个工作日内对信用信息进行调查和更正。

（2）征信机构应当在收到相关数据提供者有关投诉的反馈后 10 个工作日内根据征信系统存档的初始地址通知消费者。

3. 应在所有数据提供者经营场所及其各自的网站或者征信机构的经营场所及其网站上提供详细的消费者权益程序。

第八章　监督

第 24 条　柬埔寨国家银行的作用

1. 柬埔寨国家银行有权制定任何监管条例，控制和监督所有信用报告活动，包括与征信机构或数据提供者以及授权用户之间的任何关系，这些关系涉及这一征信系统的效率和公平运作。

2. 柬埔寨国家银行有权：

（1）颁发、暂停以及取消征信机构的牌照许可；

（2）监督和监测相关条例、监管、行为准则、条款、流程与运营系统的合规情况；

（3）监督确保服务连续性的机制是否适当，包括（信息和数据）进出要求以及其他要求；

（4）监督咨询委员会通过的所有决议的执行情况；

（5）要求征信机构采取必要措施，使所有持牌金融信贷机构（涵盖实体）都强制参与，所有非持牌金融信贷机构（非涵盖实体）都自愿参与信贷市场。

（6）处罚和制裁所有与征信系统互动的各方，包括但不限于数据提供者、授权用户和消费者。

第 25 条　咨询委员会

1. “咨询委员会”应包括 5 ~ 11 名成员。

2. “咨询委员会”由柬埔寨国家银行担任主席，并应每年至少举行两次或者在必要时举行更多次会议。

3. 为了确保系统的效率、可靠性和安全性，“咨询委员会”应定期举行会议，商定下列事项：

（1）柬埔寨征信系统的战略构想；

（2）征信报告文件布局的格式和内容；

（3）管理征信系统的操作规则；

（4）信用信息、数据加载以及披露的更新周期；

（5）征信系统中所有产品和服务，以及不同交付方法的设计，包括安全措施和技术；

（6）新成员的参与；

（7）技术的充分性和提供数据的 IT 服务的同质性；

（8）操作和技术手册的内容，设计、安全、运营、消费者权利，异议处理以及任何重大的修改；

（9）行为守则的内容；

（10）提供的服务以及产品的充分性以及定价政策；

（11）为信贷员提供正确使用数据的教育方法；

（12）就服务的条款以及数据提供方或者用户的行为，对征信机构提出建议。

第 26 条　异议处理机制

1. 任何有关信用信息准确性的投诉应提交给征信机构进行调查。

2. 一旦投诉被接收，征信机构应在投诉接收之日起 10 个工作日内通过以下形式调查并回应：

（1）调查投诉或者其他请求的准确性；

（2）以书面形式对投诉人做出概述决定；

（3）在10个工作日内修改任何不正确或者不完整的信息。

3. 若消费者对征信机构的异议处理决定不满意，可在10个工作日向柬埔寨国家银行申诉。

4. 如果消费者对柬埔寨国家银行的决定不满意，可以向法院提出进一步的上诉。

第九章　罪行和处罚

第27条　违法

访问征信系统并将这些信用信息用于本法规规定的许可目的的不同地方，数据提供者或者授权用户，应承担违反保密性以及触犯银行和金融机构法中惩罚条款的责任。

第28条　处罚

任何违反本法规规定的个人将承担下列行政处罚责任：

1. 任何以其自己的账户或法人账户，未经许可进行信用报告活动（征信业务）的人，应承担500万瑞尔（约为8000元人民币）到2.5亿瑞尔（约为40万元人民币）[①] 的罚款，即使有关机构被撤销；

2. 任何个人或者法人或者任何数据提供者或者授权用户，将从征信系统获得的信息用于不同于条款8所规定的目的时，应承担500万到2.5亿瑞尔的罚款；

3. 无论其是否为持牌金融信贷机构（涵盖实体），任何人都应承担400万到1000万瑞尔的罚款，如果符合以下任何一种情况：

（1）违反了任何行为准则或者在规定的时间期限内未能向征信系统提供完整和准确的信用信息。

（2）没有在规定的时间内对柬埔寨国家银行的请求做出回应；

（3）就消费者的投诉或者调查，故意向征信系统提供了不准确或不完整

---

① 柬埔寨货币瑞尔（Riels），100瑞尔大概等于0.16元人民币。

的信息；

（4）没有遵守处理消费者权益问题所规定的最后期限（deadline）。

4. 除了上述的行政处罚外，任何违反了本条例规定条款或者行为准则的个人都应受到适用法律的制裁或承担处罚责任。

第十章　过渡性条款

第 29 条　适应期限（adoption period）

数据提供者应在此法规生效后的 9 个月内，按照本法规规定的要求准备其程序、流程和系统。超出此期限，柬埔寨国家银行可能实施制裁。

第十一章　最后条款

第 30 条　废除

关于信用信息利用和保护的 B7 –06 –07 管理条例，关于实施信用信息共享系统管理指南的 B7 –06 –101 管理条例，关于设立信用信息共享系统董事会的 B7 –06 –102 管理条例，关于建立信用信息共享系统管理委员会 B7 –06 –103 管理条例，关于建立信用信息共享系统运营部和秘书处的 B7 –06 –104 管理条例，均被废除。

第 31 条　履行

总秘书处（the General Secretariat），监管总局（the General Directorate of Supervision），技术总局（the Technical General Directorate），总出纳处（the General Cashier），总检查局（the General Inspection），柬埔寨国家银行下属的所有部门和单位，柬埔寨国家银行监管机构下的所有银行和金融机构以及所有相关的各方应严格执行本法规。

第 32 条　效力

本法规自签署之日起生效。

金边，

州长

签名并盖章：

抄送：
—各方如第 31 条所述
—部长理事会“供参考”
—柬埔寨国家银行的所有董事会成员
—文件
—柬埔寨行政部门“供在国家公报上发表”
关于信用报告的规定，
编号：……………………
日期：……………………

附件 1

a）识别数据

个人

（ⅰ）全名
（ⅱ）性别
（ⅲ）出生日期
（ⅳ）居住地址
（ⅴ）身份证号码（护照，选民身份证或国民身份证件）
（ⅵ）纳税人登记号码。

法人

（ⅰ）实体名称
（ⅱ）组织形式和法律形式
（ⅲ）地点
（ⅳ）作为法人实体的注册号码和日期
（ⅴ）纳税人识别号码
（ⅵ）首席执行官，董事和股东的全名
（ⅶ）首席执行官，董事和股东的纳税号。

b）信用数据

（ⅰ）提供信贷的日期和商定的本金和利息的支付方式
（ⅱ）授予客户的贷款或其他融资的总额

（ⅲ）货币种类

（ⅳ）目前的未结余额

（ⅴ）信贷提供者对信贷的风险类别分类

（ⅵ）上次信贷偿还的日期

（ⅶ）担保信贷的抵押品类型（如有的话）

（ⅷ）信贷类型（抵押，消费贷款，透支等）

（ⅸ）债权人姓名或债权人的唯一（unique）号码

（ⅹ）拒付支票（退回的支票）

（ⅺ）违约信贷，逾期贷款

（ⅻ）与金融债务有关的法院判决

（ⅹⅲ）柬埔寨国家银行要求银行监管的其他信息。

在信贷提供者销售货物或提供服务，以信贷为基础或附有延迟付款条件时：

（ⅰ）基于信贷基础销售货物或者提供服务的数量，以及或有债务

（ⅱ）提供服务的日期

（ⅲ）商定的服务付款时间表

（ⅳ）有关担保贷款债务的抵押品的组成和类型的信息

关于信用报告的规定，

编号：……………………

日期：……………………

附件2

隐私通知样本

（此隐私声明应包含在数据提供者的所有信贷申请中）

隐私通知

我们……（机构的名称）……将收集你的……（客户）……信息将其包含在征信系统中。征信系统是一个由柬埔寨国家银行监管的系统。所收集的信息将用于评估信用水平，并将根据信用报告法规和行为准则中规定的规则与参与征信系统的其他债权人共享。如果您想要访问或更正您的信息，您可

以向征信机构发送书面请求并附上您的身份证明，您将收到征信机构的回复。

关于信用报告管理条例，

编号：……………………

日期：……………………

附件3

同意书样本

（本同意条款应包含在数据提供者的所有信贷和延期付款申请中）

我，……（客户）……，特此授权，……（机构名称）……，收集本申请中包含的信息和与本申请相关的其他信息，并披露根据信用报告条例第8条规定的目的向第三方提供。

我理解……（征信机构的名称和地址）……将负责数据的收集、处理和传播。当有充分理由符合信用报告条例和行为准则规定的程序时，我有权访问我的信息并投诉以获得更正或删除此类数据。

第三篇　缅甸

（一）缅甸征信业现状

基本经济情况：缅甸是世界最不发达国家之一，以农业为主，从事农业的人口超过60%，农产品有稻米、小麦、甘蔗等。人口约为530万人（2016年），全国GDP为712.15亿美元（2018年，国际汇率），人均GDP为1326美元（2018年，国际汇率）。

征信机构情况：根据2018年5月17日缅甸中央银行（CBM）公告，CBM已向缅甸征信局有限公司颁发了许可证，允许其在缅甸建立征信局（Myanmar Credit Bureau Limited，MCBL），是缅甸银行业协会和新加坡亚洲信贷局控股公司的合资企业，它将收集有关还贷历史的信息以及有关借款人的其他信息，并将其资料分发给银行和其他非银行金融机构等贷方。

缅甸征信局（MCBL）为了实施其作为缅甸第一个贷款信息部门的功能，于2018年底在仰光与总部位于美国的第二大征信公司艾奎法科斯在新西兰的子公司——新西兰服务与解决方案公司（Equifax New Zealand Services and Solutions Ltd）签署了有关征信局软件许可证、安装、咨询和支持的协议。

MCBL由缅甸银行协会成员出资60%的资金成立，而新加坡的亚洲信贷局控股公司则占40%。其于2019年开始正式运营。

（二）缅甸征信业管理条例

缅甸联邦共和国

缅甸中央银行

第5/2017号通知①

4th Waxing Day of Tagu 1378 ME（缅甸日历）

（2016年3月31日）

① 采用的是非官方英文翻译。

为了推动信用信息中心（征信中心）和信用信息报告系统（征信系统）的建设，缅甸中央银行行使《金融机构法》第 184 条所载权力，特此发布以下规定。

第一章　标题和定义

标题

1. 该规定全称为《信用信息报告系统条例》（可以理解为《征信系统管理条例》）①

定义

2. 本条例中包含的下列表述含义如下：

（1）“信用信息”是指与个人的经济及金融债务相关的信息，包括担保信息、信贷还款历史、公开信息以及用于确定信贷的任何其他相关数据。

（2）“征信局”（Credit Bureau）可以根据《金融机构法》第 2 节第(w)小节来定义②。

（3）“信贷登记”（机构）是指旨在为金融监管机构提供有关企业和个人的债务信息的信息登记系统。

（4）“信用报告活动”（征信业务）③ 是指收集，处理和进一步发布信用信息的活动，包括信用报告和其他相关服务。

（5）“信用报告服务提供商”（征信机构）是指开展征信报告活动的任何法人实体，包括商业信用报告公司（企业征信公司）、个人征信机构或信贷登记机构，为了便于理解，以下都用征信机构来替代信用报告服务提供商。

（6）“信用报告系统”（征信系统）是指使得信用信息能够在所有金融机构之间进行交换的机构、规则和标准、技术和数据，为了便于理解，以下都用征信系统来替代信用报告系统。

（7）“信用报告牌照许可”（征信牌照）是指中央银行为成立征信机构

---

① Regulation on the Credit Information Reporting System.

② 此处主要指个人征信机构。

③ 可理解为征信活动，以下都翻译为征信活动。

（包括商业信用报告公司或个人征信局），开展征信活动而颁发的牌照许可。

（8）“信用报告”是指征信机构发布的报告，包含金融服务消费者的识别信息和与金融债务相关的信息，包括贷款、信贷和延期付款。

（9）“消费者”是指由于与贷款人的书面合同关系或其签署的贷款申请或任何其他合法目的，其数据已经或可能已经包含在征信系统中的任何法人机构或个人。

（10）“商业信用报告公司”（企业征信公司）是指主要从对公司贷款中收集信息的机构实体。收集的信息为企业信息，包括独资、合伙和公司制企业，用于信用评分、信用风险评估或用于其他商业目的，如贸易信贷的展期。

（11）“不利行为”是指基于信用报告中的信息导致消费者被拒绝授信或信用条件和条款的变化。

（12）“数据提供者”是指：

（ⅰ）银行和非银行金融机构；

（ⅱ）以任何形式提供信贷并向征信机构提供信息的任何其他实体；

（ⅲ）持有评估消费者信用相关数据，并与征信机构签订了数据共享协议的第三方；

（ⅳ）根据中央银行公告指定的实体或个人。

（13）“同意”是指征信机构允许将其持有的信用信息输入信用报告系统的书面协议。

（14）“负面信用信息”是指与消费者有关的破产、欠款或违约信息。它还可能包括从其他官方来源或法院，留置权和诉讼中获得的判决陈述。

（15）“正面信用信息”是指反映消费者和债权人之间符合合同规定行为的消费者信息。它包括有关担保和/或抵押、资产和负债、还款方式、贷款额以及信贷余额的详细信息。

（16）“授权用户”是指被授权访问个人征信机构数据库的所有个人。它包括数据提供方的指定员工，个人征信机构的员工和中央银行的指定员工。

第二章　中央银行在信用报告系统中的权利和义务

3. (1) 中央银行拥有以下权力：

(a) 缅甸信用报告政策的制定、实施和监督；

(b) 颁发、暂停或取消征信业务许可；

(c) 对征信业务许可施加限制和条件；

(d) 监督征信系统参与者对中央银行发布的有关征信业务的法规、通知、命令、指示、程序和指导意见的遵守情况；

(e) 监督保障企业征信公司和个人征信机构服务连续性的机制是否充分；

(f) 指导金融机构，鼓励非金融机构参与个人征信机构和企业征信公司的征信业务；

(g) 指导征信系统参与者识别风险，并通过充分的政策、问责和程序应对风险；

(h) 对征信系统参与者施加行政处罚；

(i) 监督征信业务。

(2) 中央银行将制定监督框架并采取必要措施确保有足够的资源进行征信系统监管和监测。

(3) 中央银行将能够随时从征信机构和/或数据提供商或用户方访问征信系统信息。

(4) 中央银行可以就征信机构股东的限额发布额外的指引。

(5) 如果存在对缅甸征信系统有效性和安全性的潜在威胁，中央银行可以改变其法规和限制。

(6) 中央银行可以将承担了中央银行在信贷市场职责的数据提供者添加到征信系统中。

(7) 中央银行或其他相关监管者可能会发布关于根据第 3 节中的 (6) 段（即上一条）加入征信系统的额外参与者的进一步指导。

(8) 中央银行应确定征信业务的具体信息标准表，包括消费者权利、传播、处理和收集信息的原则。

(9) 中央银行将能够随时从个人征信机构和企业征信公司获取征信系统信息，以便将其用于银行监管和统计事务。

(10) 中央银行有权访问任何征信系统以监督其是否维持运行的效率性、安全性和可靠性。

(11) 与本法规第9节中的(2)和(7)段一样，中央银行有权出于监管和监测目的随时访问征信系统和相关信息。

(12) 中央银行可以不定期地增加建立征信机构的初始资本。

第三章　征信业务牌照管理

申请征信机构牌照

4. (1) 任何有兴趣设立征信机构的实体应该至少投资30亿缅甸元①作为初始资本。

(2) 任何有兴趣成立征信机构的实体，须附上下列证明文件，向中央银行申请牌照许可：

(a) 有关公司法律地位的相关文件，包括在缅甸公司注册处登记，公司组织大纲，公司章程以及与其组建有关的任何其他文件；

(b) 拟定的主要营业地点和拟建公司的分支机构的位置；

(c) 经审计的资产负债表副本和申请人的损益；在银行和信贷部门的活动，包括股东名单、投资金额和与其他公司的投资关系。

(d) 拟建征信机构的法定股本和实收资本存量；

(e) 与征信机构有重大利益关联的所有者的资质和专业；

(f) 所有权和治理结构，包括董事会的组成和选择标准。

(g) 组织架构，征信系统运作三年的财务预测、基于信息和通信技术的IT系统，内部程序和操作手册。

(h) 申请人的授权，允许缅甸中央银行对申请人和附属人员进行金融、刑事和专业背景调查。

(i) 业务连续性和数据恢复计划。

① 折合人民币约1400万元。

（j）定价建议。

（k）该系统运作的合同安排，包括与数据提供者和使用者的合同，以及与数据提供者和第三方服务提供商的合同。

（l）以意向书的形式向征信系统提供数据的声明。

（3）除上文（2）段（a）至（l）分段所列文件外，外国征信机构申请开展征信业务还应该附有下列文件：

（a）国际信用评级机构出具的信用评级报告；

（b）下列文件应由外国征信机构主要营业地的国家监管机构提供；

(i) 证明，表明根据外国法律，该征信机构已经获取进行征信业务活动的有效许可或授权。

(ii) 书面陈述，表明外国征信机构的任何董事或高级职员是合适且恰当的；

（c）资本状况表，其在本国和全球的总资产和资本排名；

（4）根据中央银行的要求，其他认为有必要用于评估申请的相关文件。

信用报告业务许可的批准

5.（1）中央银行应当在申请已经正式按照第4条款（即上一条款）要求提出并满足了本条例规定的许可要求时，批准申请牌照。

（2）征信业务的许可应在不限制其持续时间的情况下授予。

（3）如果出现下列任何一种情况，中央银行应拒绝牌照申请：

（a）不符合第4条款规定的许可要求；

（b）牌照申请材料中包含的任何信息为虚假、误导或不准确的情况；

（c）央行认为申请人同一些人群的联系可能对征信局或商业信用报告公司的审慎监管形成显著威胁。

（4）中央银行应在收到申请之日起不迟于三个月内，以书面形式通知申请人是否批准或拒绝批准。

（5）中央银行应向公众宣布批准或拒绝许可申请的决定。

征信业务牌照管理费

6.（1）每个持牌机构需支付：

（a）牌照管理费用，为初始资本的0.1%；

（b）年度牌照管理费，占每年4月2日前总资本的0.1%。

（2）每项费用应在牌照颁发周年日前至少于一个月之前支付。

征信机构的条款和条件

7. 持牌机构

（1）应遵守中央银行施加的任何此类条件和限制。

（2）应受中央银行的监督和监测。

（3）自开展征信业务许可之日起十二个月内开始运作。

（4）应配合与中央银行的“现场”和“非现场”监督。

8. 征信牌照不得转让。

第四章 数据收集和数据访问

信用信息收集的目的

9. 收集和访问信用信息必须出于以下目的：

（1）评估消费者在信贷或贷款申请方面的信用水平或信用风险以及过度负债。

（2）支持缅甸中央银行的监管职责。

（3）评估与延期付款交易相关的再付款风险。

（4）帮助消费者确认信用报告中其信息的准确性。

（5）评估经济政策。

（6）向银行和金融机构发布信息。

（7）执行由相关机构行使的监督职能，确保征信系统的效率、可靠性和安全性。

信用信息收集和传播

10. （1）征信机构将收集、处理和存储从数据提供商和其他数据源获得的信用信息，并始终如一地应用操作规则来保护数据，以防止数据滥用、未经授权访问、数据丢失或系统故障。

（2）征信机构应引入内部程序以确保服务的连续性。

（3）经中央银行许可的新的数据提供者，只有在消费者同意的情况下才能访问信用信息。

（4）数据提供者应

（a）从征信系统通知日开始，在90天内提供第一份文件。

（b）提供其信用信息的完整月度更新，至少在下个月的第5日之前。

（5）征信机构应在获得指定的编辑信息记录格式后5天内，将从数据提供者处收到的信息整合到征信系统中。当对任何已确定的数据文件格式进行更改时，应获得中央银行批准。

（6）征信机构应负责征信系统数据库的维护，并向本条例规定的金融机构和其他授权用户提供信用信息服务。

（7）征信机构应对数据准确性负责，并应对系统故障或其员工的数据滥用负责。

11. 金融机构应根据征信机构制定并经中央银行批准的信用报告版式和征信数据格式提交完整的贷款组合信息。它将包括两部分，其中一部分包含借款人和担保人的可识别信息，另一部分涉及信贷交易数据。

数据提交

12. （1）所有金融机构都将以批准的数据格式向征信机构提供正面和负面信息。

（2）数据提交将遵循征信机构与数据提供商之间建立的条款和条件。

（3）授予9个月的时间框架以适应其按月提供数据的系统。

（4）任何数据供应者之间没有歧视，征信机构应在公平的条款下向所有参与者提供服务。

数据访问

13. （1）无论贷款金额如何，金融机构应在收到任何新的贷款申请或续期或延期现有信贷额度时，使用征信系统分析申请人的偿付行为。

（a）根据双方之间合同规定的条款和条件，对征信系统的访问仅限于数据提供者或授权用户。

（b）征信机构应建立确定授权用户访问系统的过程、程序和规则。

（c）征信机构应确保服务安全、稳定和可用，并应确保征信系统完全能够为数据提供者和授权用户提供服务。

例外

征信机构对由于任何数据提供者或授权用户与第三方共享或披露访问代码或密码而导致的非授权访问不承担任何责任。

(d) 所有数据提供者和授权用户均应遵守中央银行采用的安全措施和程序。

(2) 金融机构和其他用户，除中央银行外，将只在获得消费者的书面同意的情况之下访问征信系统。

(3) 所有征信系统参与者都将使用标准同意书。

隐私声明

14. (1) 每个征信系统数据提供者必须制定一份“隐私声明”，描述金融机构向征信机构披露消费者信息的条件。

(2) 该声明必须概括地描述数据提供者进行数据分享的惯例以及将与征信机构和征信系统参与者共享的信息类型。历史数据的隐私声明将包括为期30天的反对期。

(3) 在申请贷款或信贷时，数据提供者应向消费者提供隐私声明。

消费者的同意

15. 在用户访问数据之前，所有数据提供者都将取得消费者的同意。同意条款至少应包括以下内容：

(1) 数据提供者的名称；

(2) 收集信用信息的目的；

(3) 征信机构的名称和地址；

(4) 在需要更正或修改信用信息的情况下访问信用信息的过程；

(5) 符合中央银行发布的指导原则的标准同意书；

(6) 消费者权利的信息。

第五章　数据保护原则

数据处理

16. (1) 征信系统中包含的与消费者有关的信用信息和其他相关数据应以合法、公平和透明的方式处理。

(2) 收集数据应符合本条例第9条的指定目的。

(3) 征信系统中包含的信用信息和其他相关数据应准确、完整并保持更新。

数据充足性、相关性和非过渡性

17. （1）在征信系统中，以下机构应收集、加载和发布有关个人和公司的信用信息和相关数据：

（a）银行和非银行金融机构；

（b）提供延期付款服务和商品的实体企业；

（c）小额信贷机构；

（d）公共事业公司和电信服务提供商。

（2）数据应仅包括达到本条例第 9 条涵盖目的的必要信息。

（3）征信机构能够从政府机构和其他来源获取相关信息。

（4）征信机构可能会收集有关法院判决和破产程序的信息。

（5）经中央银行批准，可以使用从其他政府机构获得的额外信息。

数据安全

18. 征信系统参与者应该：

（1）保护数据以防任何丢失、损坏、破坏、未经授权的访问或滥用。

（2）保护自己的网络免受任何未经授权的访问。

（3）至少应由参与者确保以下内容：

（a）建立系统、流程和程序，以确保数据恢复并制订计划避免因灾难导致数据丢失或数据损坏；

（b）建立系统、流程和程序，以确保数据恢复并制订计划以防止数据丢失或数据损坏；

（c）对数据库的访问仅限于授权用户；

（d）征信机构应建立适当的机制，确保数据仅在获得消费者同意的情况下用于允许的目的或其他合法目的；

（e）采取恰当的安全措施、政策和程序，体现操作性、组织性和技术性的专业思路。

（f）有关征信机构运营中的数据安全措施和实践，征信机构董事会应该取得中央银行的同意。

保密

19. （1）征信机构应当对收集到的用户信用信息及其他信息保密。

（2）只有授权用户才能访问消费者的信息，以便严格履行职责。征信机构应采取一切必要措施，确保日常工作中征信系统的董事和员工使用信用信息的机密性。

（3）征信机构应采取一切合理措施防止未经授权访问信用信息，并应制定和实施安全政策和程序，以管理对信用信息的访问。

（4）征信机构的董事和员工，授权用户和数据提供者的员工应签署保密协议并采取相关措施以确保数据的机密性。

20.（1）信用信息不得由任何数据提供者或任何用户出售或披露给第三方。

（2）授权用户不得将从征信系统获得的消费者信息向第三方提供服务或进行营销活动。

数据保留期

21. 征信机构应

（1）自还款或结算截止日期起三年内，保存正面信用信息；

（2）自执行日期起三年内，保存法院判决数据；

（3）自执行之日起五年内，保存破产数据；

（4）根据央行制定的贷款分类规则，从欠款日起三年内，保存负面信息；

（5）为了使系统的有效运行和增值服务的发展，在一段足够长的时间内保存并使用信息。

第六章　征信系统参与者的义务

征信机构的义务

22. 作为征信系统的主要参与者

（1）征信机构应：

（a）制定适当的政策、程序和手续，以确保信息的准确性和质量；

（b）确保数据的更新符合中央银行颁布的规定；

（c）根据中央银行发布的指南规定的时间框架，建立适当的数据更正和删除机制；

（d）面向数据提供者、用户、消费者，对由于鲁莽行为或严重疏忽而导致在处理或分发信用信息期间发生的任何数据错误负责。征信机构应：

（ⅰ）立即纠正数据并建立适当的机制以确保调查过程的顺利开展，并且确保过去3个月内访问过数据的所有用户都知道此类重大错误；

（ⅱ）发送更新报告的副本，包括用户在过去3个月内获取的详细信息；

（ⅲ）对由于重大过失或鲁莽行为，导致消费者的金融声誉遭受重大损害的索赔负责；

（ⅳ）尽一切合理努力减轻消费者因数据错误而遭受的损失。

（e）对授权用户、数据提供者、中央银行或任何第三方，因服务的严重延迟、中断或失败提起的索赔负责，包括提供报告服务，除非它们是由政府命令或者“不可抗力”导致的。

（2）征信机构不会将数据提供者或其他数据源提交的任何信用信息转让、出售或出租给任何未经授权的用户。

数据提供者的义务

23. 数据提供者应：

（1）根据中央银行制定的法规，向授权的征信机构提交完整准确的数据。

（2）根据各数据提供者与特定征信机构之间签署的各自的合同安排，从征信机构获取信用信息。

（3）制定适当的政策、程序和机制，以确保数据的安全性和保密性。

（4）根据中央银行制定的“消费者权益准则”，制定适当的协议、政策和程序，使消费者对数据拥有权利。

（5）对发送到征信机构的任何不正确的信息负责，并重新提交正确的信息。

（6）遵守中央银行就征信系统活动发布的所有法规、通知、命令、指令、程序和指南。

（7）允许中央银行或者其指定的审查人员访问他们的系统和数据库，以便中央银行能够行使与征信系统有关的监督职能。

24. 对于因严重疏忽或鲁莽行为引起错误，导致消费者金融信用遭受严重损失而提出的索赔，数据提供者应承担责任。这些责任应该符合本条例第31条异议处理机制的规定。

其他数据提供者或第三方的义务

25. 第三方可根据与征信机构签订的合同安排向个人征信机构提供数据。无论如何，第三方应：

（1）向征信机构提供准确的信息。

（2）对于因严重疏忽或鲁莽行为引起错误，导致消费者金融信用遭受严重损失而提出的索赔，第三方应承担责任。这些责任应该符合本法规第 31 条异议处理机制的规定。

用户的义务

26. 授权用户应：

（1）根据各自合同安排中与征信机构建立的条款和条件访问数据；

（2）告知消费者数据查询的目的和消费者同意的后果；

（3）仅在获得消费者书面同意的情况下访问数据；

（4）仅将数据用于本条例第 9 条中描述的目的；

（5）不向任何其他人转移或出售数据。

第七章　消费者的权利和过程

消费者权利

27. 消费者应享有个人征信机构的以下权利：

（1）反对其信息用于某些目的的权利；

（2）在信息被收集、处理和分发时，被告知的权利；

（3）以极低成本或者无成本获得与自己相关或被定期收集的数据的权利；

（4）质疑信息准确性的权利；

（5）有拒绝被收集和储存私人信息的权利，包括与政治倾向、宗教信仰和种族有关的数据。

消费者权利声明程序

28. （1）消费者在获得信用信息之前有权充分识别自己，并要求在其认为必要时披露与他/她有关的任何数据。

（2）报告应在收到请求后十个工作日内提供给消费者。

（3）消费者有权随时要求征信机构更正任何不正确或不完整的信用信息。

29. 征信机构应：

（1）每年向消费者提供一次所有信用信息的免费信用报告，包括在过去六个月内访问过其信用信息的数据提供者的名称和列表。

（2）通知相关数据提供者并将所有相关信息发送给该数据提供者，以便在收到纠正不正确或不完整信用信息的请求后十个工作日内调查和更正信用信息。

（3）在收到相关数据提供者对投诉结果的回复后的十五个工作日内，按照征信业务中包含的最初地址通知消费者。

（4）应在所有数据提供者的场所及其各自的网站以及征信机构场所和网站上提供详细的消费者权益程序。

30. 由于征信系统的信息查询对消费者造成不利后果时，数据提供者应在收到信息起五个工作日内通知消费者。

争议解决机制

31. （1）消费者应直接对征信机构提出有关其征信系统数据的任何争议。

（2）消费者对征信机构的决定不满意可以向中央银行提出上诉。

第八章 征信机构的治理与组织结构

32. 征信机构应具有适当的组织结构，以便有效地分配资源，以满足征信系统活动在消费者权益、运营、业务和合规性方面的要求。

33. （1）个人征信机构董事会成员应对征信机构遵守相关法律法规和监管监督负责。

（2）为了控制征信机构，董事会将包括至少五名成员，包括中央银行代表，非银行部门独立董事和法律专家。

（3）董事会成员应具备足够的银行和金融系统资历。任何人如果有以下任何一种情况，则不得成为董事会成员：

（a）犯罪；

（b）盗窃、伪造、腐败、欺诈或违约；

（c）高利贷；

（d）洗钱和资助恐怖主义；

（e）签发不兑现支票；

（f）个人破产、资产被接管或清算资产。

34. 首席执行官应由董事会提名，任何人如果有以下任何一种情况，则不得担任首席执行官：

（1）犯罪；

（2）未成年人或法律上的残疾人；

（3）因涉及导致经济损失的盗窃或欺诈被定罪；

（4）在近十年内因滥用职权或腐败被免职；

（5）因极不诚信的行为被定罪；

（6）是任何数据提供者的首席执行官或董事会成员。

第九章　服务

服务或新产品

35. 征信机构应在引入任何新服务或产品之前向中央银行提出指导申请。中央银行应基于产品对债权人公平性、安全性和可靠性，以及对消费者影响的考量，给出一份带有结论的报告。缅甸中央银行应当自请求日起30日内向征信机构提供报告。

定价政策

36.（1）征信机构根据透明政策收取与服务相对应的费用。

（2）征信机构应获得中央银行的批准，以修改定价政策。中央银行应考虑此类申请和相关文件，并在十五个工作日内批准或拒绝。

禁止提供服务

37.（1）除中央银行外，任何人未经中央银行许可，不得从事征信业务。

（2）根据《缅甸公司法》注册成立的法人实体以外的任何个人均不得获得执行征信业务的牌照许可。

第十章　杂项

38.（1）任何征信系统数据提供者或用户，如果是一家银行，则不得持有个人征信机构已发行股份总数的10%以上的股份。

（2）缅甸中央银行可能会就征信机构股东的限制发布额外指引。

39. 任何对以上规定的违反都将构成对《金融机构法》的违反。

（Kyaw Kyaw Maung）
行长

第四篇　新加坡

（一）新加坡发展概况

新加坡是一个多元文化的移民国家，促进种族和谐是政府治国的核心政策，新加坡以稳定的政局、廉洁高效的政府而著称，是全球最国际化的国家之一。

新加坡是一个发达的资本主义国家，被誉为“亚洲四小龙”之一，其经济模式被称为“国家资本主义”。根据2018年的全球金融中心指数（GFCI）排名报告，新加坡是继伦敦、纽约、香港之后的第四大国际金融中心。新加坡也是亚洲重要的服务和航运中心之一，被全球化与世界城市网络（GaWC）评为世界一线城市。新加坡是东南亚国家联盟（ASEAN）成员国之一，也是世界贸易组织（WTO）、英联邦（The Commonwealth）以及亚洲太平洋经济合作组织（APEC）成员经济体之一。2019年11月，新加坡位列“2019年全球城市经济竞争力榜单”第三位和“2019年全球可持续竞争力榜单”第一位。

新加坡人口约为564万人（2018年6月），全国GDP总计3,239.07亿美元（2017年，国际汇率）。人均GDP 57,714美元（2017年，国际汇率）。国内生产总值增长率为2.8%（2014年）。

（二）新加坡的征信业发展概况①

作为亚太地区的金融中心之一，新加坡将征信系统建设视为金融基础设施建设的一部分。由于其本身的国际金融中心定位，同时加上长期受英国自由市场经济思想影响，奉行“风险可控”的原则，新加坡的征信业大部分由

① 资料来源：国家信息中心“一带一路”大数据中心、《联合早报》、华夏邓白氏官网、爱分析（ifenxi）、网络公开资料，信用算力研究院整理，http://www.sohu.com/a/312898013_100169150.

私营机构运作，政府通过不断完备并更新的法律来对征信业服务机构提出适当规定并加以监管，呈现市场化导向的突出特点。

新加坡征信业主要分为个人征信与企业征信（都受到监管和牌照许可），个人征信市场主要由新加坡征信局（Credit Bureau Singapore，CBS）与新加坡DP资讯集团（DP information Group）提供相关服务，而企业征信市场则主要被新加坡商业征信局（Singapore Commercial Credit Bureau，SCCB）所占领。

个人征信机构

新加坡征信局（Credit Bureau Singapore，CBS）

新加坡征信局是新加坡最为全面的消费者征信局，有着来自所有零售银行及主要金融机构上传的全行业信贷信息。与香港环联以主要金融机构为股东筹建的模式类似，CBS是由158家新加坡本地及国外银行/机构联合发起的新加坡银行业联合会（ABS）与Infocredit集团（一家成立于2000年的资产管理公司）合资成立的，ABS拥有新加坡征信局25%的股权，其他75%的股权由私人企业拥有，其中包括一些技术合作方。

自2002年以来，《银行法》就允许CBS的会员们接入CBS数据库进行信贷数据的上传和查询，其中也包括中国银行和中国工商银行在新加坡的分行。目前，CBS业务已涵盖消费者信用评价、中小企业信用分、信用监测、数据分析服务、公共数据查询等。

新加坡征信局在管理信用记录时遵循“双向透明”的原则。会员企业可以通过数据库查询消费者的信用报告，据此评估其消费信贷风险，并最终决定是否批准消费者的贷款申请。反过来，作为个人的消费者也可以查询自己的消费信贷报告，可以到新加坡消费者信贷资料中心办公室申请，也可以通过邮局或网络查询，十分便捷。

DP信贷资料中心（DPCB）

DP信贷资料中心（DP Credit Bureau，DPCB）是新加坡第一信息提供商DP资讯集团的全资子公司，负责DP资讯集团的个人征信服务。2011年，全球最大的信贷咨询机构Experian成为DP咨询集团的主要股东。凭借这种合作关系，Experian为DP资讯集团带来了包括消费者和企业分析在内的多个领域的全球技术和开发专业知识，同时补充了 DPCB 的信用服务。

DP 资讯集团是新加坡著名的信用和企业信息服务机构，有着三十多年服务经验，服务面涵盖 98% 的新加坡金融机构和 75% 的著名法律事务所。2018 年 7 月，DP 资讯平台被新加坡法律部指定为借贷机构征信局（MLCB）的运营方①。

企业征信机构

新加坡商业征信局（Singapore Commercial Credit Bureau，SCCB）是在新加坡成立的领先商业信用报告和商业信息机构。自 2005 年以来，新加坡商业征信局已满足各种行业的风险管理和信用评估需求，包括金融机构、IT、电信、放债人、汽车和租赁公司。向企业债权人提供了全面的商业搜索和信用信息，以填补有关新加坡中小型企业信用的市场知识方面的空白。

这包括注册的公司信息、诉讼、破产、财务和贸易付款信息。SCCB 提供 7 × 24 全天候在线平台，使公司能够无缝提取商业信用报告和其他相关信息的功能。有了更简洁的业务合作伙伴信用状况，公司就可以在授予信用、接受业务担保或公司追偿的过程中评估其合作伙伴的信誉，并更好地评估可盈利的商机。SCCB 的定位是通过使企业采用信息透明性，从而增强信贷责任感，从而将信贷环境移至下一步的举措，从而鼓励贷方为中小企业领域释放更多的资金。

新加坡商业征信局原名中小企业信贷局，是 Infocredit Holdings Group（同一家资产管理公司也成立了个人征信机构）与邓白氏（Dun&Bradstreet，D&B）的联合合伙企业。

SCCB 提供三类服务：一是线上信用风险信息，包括企业注册信息、诉讼信息、信用报告、财务报告、支付信息；二是信用监督平台，包括监控合作伙伴的金融健康程度和可信度，通过获取诉讼信息、破产预警和支付违约情况；三是追债服务，及时追回债款。

新加坡的征信监管

新加坡并没有设立类似于央行这样的独立的监管部门，也没有像国内的

① https：//www. mlcb. com. sg/.

征信中心这样的中央数据库来对贷款信息进行归集。征信业完全由市场主导，表现出分工明确、产品定位清晰的市场格局。通过设立金融监管局（MAS）、借贷机构征信局（MLCB）、个人数据保护委员会（PDPC）等一系列法定机构来对征信行业进行全方位的监管。

2016 年 12 月，新加坡金融监管局颁布了《征信局法案》，金融监管局被授予了批复征信局设立许可的权力，并有权要求征信局及其合作伙伴配合政府运营要求，但《征信局法案》仅对持牌金融机构收集信息的征信机构有约束。要求保障消费者接入、查询和修改其信息的权利。此举将敦促征信局采取足够的措施来保护借贷人信息的保密性、安全性以及完整性，并能更好地保证征信局能够在维护消费者利益的前提下开展业务。新加坡更注重事中事后监管，对于征信业准入没有限制，但并不意味着条件会过于宽松。上述《征信局法案》，明确了一系列包括牌照申请、续期、注销、惩罚的要求、征信机构的应尽义务、违规的资金处罚和判刑等事项。

借贷机构征信局（MLCB）成立于 2016 年 3 月，负责归集所有牌照类借贷机构记录的贷款信息和偿还情况。牌照类借贷机构可借此评估借款人的授信总额度，避免过度借贷。2018 年 7 月，在新修订的《借贷机构法案》许可下，借贷机构征信局由 DP 资讯平台负责运营。

个人数据保护委员会（PDPC）成立于 2013 年 1 月，专门负责监督并实施 2012 年《个人数据保护法案（Personal Data Protection Act 2012）》的有关要求，加强个人数据保护并推动构建新加坡诚信的营商环境。2018 年年底，个人数据保护委员会联同资讯通信媒体发展局（IMDA）共同发起了《新加坡数据保护标志认证》倡议，邀请所有的新加坡机构共同参与，旨在进一步培育出可靠、透明以及可操作的数据保护机制。同时，基本上每年的法律及行业条例能够及时根据现实情况进行调整及快速发布。

随着《银行法》《征信局法案》《信用卡与无抵押信用法案》《信贷机构法案》等一系列法规先后出台并不断更新，新加坡希望借此提高征信业作为金融基础设施和重要金融风险防控工具的重要功能。

（三）新加坡征信业管理条例

新加坡共和国

政府公报

法案增刊

权威发布

第6号	2月17日，星期五	2017年

2017年2月15日下午五点首次发布于政府公报电子版。

本法案在2016年11月9日由国会通过，并在2016年12月21日取得总统同意。

征信局[①]法案2016

（2016年第27号）

新加坡共和国

2016年第27号

我同意。

陈庆炎

总统

2016年12月21日

本法令规定旨在对征信局、征信业务、从征信局处获取客户信息的征信

① 英文原文是Credit Bureau，此处翻译为征信局，意思为个人征信机构。

局成员，以及相关事项进行监管，并对其他法令进行相应修订。

在新加坡议会的建议和同意下，总统颁布本法令，内容如下：

第一部分　预备内容

1. 简称与生效时期

本法为2016年《征信局法案》，自部长[①]在政府公报通知中指定的日期开始生效。

2. 解释

在本法中，除非上下文另有要求，相关概念应作如下解释：

“辩护律师和事务律师”是指最高法院的辩护律师和事务律师，或《法律职业法》（Cap. 161）第2(1)条所定义的外国律师；

持牌征信局的“获批成员”是指满足以下条件的持牌征信局成员：

（a）其由征信局依据第29(1)条批准；

（b）并由新加坡金融监管局依据第29(6)(a)条予以批准。

“权威机构”是指依据《新加坡金融监管局法案》（Cap. 186）设立的新加坡金融监管局（下文中均简称“监管局”）[②]；

“银行”“新加坡银行”和“银行业务”具有其在《银行法》（Cap. 19）第2(1)条中的相同的含义；

“账簿”（Book）包括账目信息和会计账簿的所有记录、登记信息和文件内容，不论其是汇编的、记录的还是存储的，也不论其是手写的、打印的，还是存储在微缩胶卷中，或是以电子化的形式或其他方式存在；

“发卡人”是指依据《银行法》第57B节被授予牌照者[③]；

公司的“首席执行官”，是指满足以下条件的个人，不论其职位名称如何：

（a）直接受雇于该公司，或者代表该公司或依据与该公司订立的协议

① 此处的部长在整个条例中没有解释，可理解为新加坡政府中负责金融事务的财政部部长，下同。

② 以下译文“Authority”（权威机构）均直接译作“新加坡金融监管局”，文中也简称监管局。

③ 此处可理解为有牌照的信用卡发行人。

行事；

（b）主要负责本公司业务的管理和执行；

（c）“公司”的含义与《公司法》（Cap. 50）第4(1)节相同。

“消费者征信业务”是指提供与个人（信贷）能力相关个人信用报告的征信业务①。

“企业征信业务”是指消费者征信业务以外的征信业务。

“征信局”是指经营征信业务的实体。

“信贷安排”（Credit Facility）是指：

（a）预付款、贷款或其他能够使人获得资金或财务保证的安排；或

（b）由某人以他人的名义承担其债务。

“信用报告”是指以书面、口头或其他形式呈现的满足以下条件的沟通信息（communication）：

（a）至少使用一家属于征信局成员的银行或商业银行提供的客户信息，来评估某人的信用水平（creditworthiness）②，这些信息包括：

（ⅰ）某人是否有资格获得信贷的信息；

（ⅱ）某人的信贷历史的信息；

（ⅲ）某人偿还自身信贷的能力的信息；

（ⅳ）与某人信用水平有关的其他信息；或

（b）（该沟通信息）由持牌征信局为其他可能目的而拟备。

“征信业务”是指：

（a）在新加坡进行的，以营利目的而编制、提供或维护信用报告的业务（不论是否为日常业务或经常业务），不论其主要功能是否与信用报告有关；

（b）作为具有营利目的的业务的辅助部分，在日常的、非营利的基础上编制、提供或维护信用报告的业务；或

（c）其他可能业务。

“客户（Customer 不是 consumer）”，对于征信局成员而言，包括：

（a）在该成员处开立账户或向该成员申请信贷服务的人；和

（b）新加坡金融监管局或任何其他国家或地区的金融管理机构或中央银

① 征信业务英文原文是 credit reporting。

② Creditworthiness，可以理解为信用水平、信用度等。

行；但不包括经营银行业务的公司或其他可能的金融机构。

“客户信息”，对于征信局成员而言，是指：

（a）与以下内容有关的任何信息或详情：

（ⅰ）该成员的客户的账户，不论该账户是否有贷款、投资或任何其他交易，但不包括不属于任何具名客户或具名客户们的任何信息；或

（ⅱ）成员的客户向成员提出的信贷服务申请；或

（b）成员的存款信息。

“数据”是指：

（a）有关个人信用水平的信息，包括（为避免疑问）持牌征信局成员的客户信息；或

（b）由持牌征信局在其征信业务中处理的有关人士的信息。

“数据提供者”，对于持牌征信局而言，是指（包括持牌征信局的成员）依据与持牌征信局的合同或协议，为了持牌征信局征信业务的开展，有义务向持牌征信局提供有关个人信用水平的任何信息的人员，包括提供（为了避免疑问）持牌征信局成员的客户信息。

“数据主体（当事人）”是指视实际情况作为任何数据或信用报告主体的当事人。

“存款信息”，对于征信局成员而言，是指与以下情况有关的所有信息：

（a）成员的客户在成员处的存款；

（b）成员管理的成员客户的资金；或

（c）成员客户在成员处保管的任何保险箱或与成员订立的任何安全保管协议。但不包括不属于任何具名人士或具名人士团体的信息。

“经理”含义与《公司法》第4(1)节相同。

“雇员”包括从其他雇主借调或暂时调离的个人。

“实体”是指在新加坡境内或境外合并的、成立或设立的任何法人团体或非法人团体。

公司的“执行人员”是指满足以下条件的个人（不论其职位名称如何）：

（a）直接受雇于该公司，或者代表该公司或依据与该公司订立的协议行事；并且

（b）从事或参与公司的日常管理。

“适当性准则指引”是指由新加坡金融监管局发布在其网页上的以此命名的文件，新加坡金融监管局对其进行不定期的修订。

“完整性”，对于数据而言，是指数据准确、完整、即时并且不存在误导。

“牌照”是指依据第7节授予的或依据更新后的第8节续期的牌照。

“持牌征信局”是指在持牌期间的征信局。

“有限责任合伙企业”的含义与《有限责任合伙企业法》（Cap. 163A）第2(1)节相同。

持牌征信局的“成员[①]”，是指依据与持牌征信局订立的任何合约或安排，有义务向持牌征信局提供信息的实体，并有权依据该合约或安排：

（a）从持牌征信局接收或获取数据；

（b）使用从持牌征信局取得的数据；以及

（c）披露从持牌征信局取得的数据。

“商业银行”是指依据《新加坡金融监管局法案》第28节批准为金融机构的商业银行。

“工作人员”的含义与《公司法》第4(1)节相同。

数据的“处理”，是指就该数据进行的一项或多项操作，包括以下内容：

（a）收集或记录数据；

（b）保存数据；

（c）组织、合并、改编或更改数据；

（d）检索或传送数据；

（e）使用数据；

（f）披露或报告数据；

（g）删除或销毁数据。

“公共机构”是指：

（a）政府，包括政府或国家机关的各个部门、机构和代理处；

（b）依据任何成文法律指定的法庭；或

（c）任何法定机构。

---

① 持牌征信局的成员或被批准的成员可以理解为共享征信信息的金融信贷机构。

“股份”与《公司法》第4(1)节含义相同，包括股份权益。

3. 立法目的

本法的目的是为了监管：

(a) 持牌征信局；

(b) 持牌照征信局的获批成员的以下行为：

(ⅰ) 为征信局的征信业务向征信局提供数据；和

(ⅱ) 在征信局的征信业务中使用和披露从征信局获得的数据；以及

(c) 与上述内容有关的事项。

4. 本法适用范围

(1) 除第(2)款另有规定外，本法不适用于任何政府机关。

(2) 部长可通过命令宣布某政府机关为本法案适用的对象。

(3) 本法案第三部分和第六部分的规定是对《2012年个人数据保护法》(2012年第26号法案) 的补充，与其不相违背。

5. 委任助理人员

(1) 除第(2)款另有规定外，新加坡金融监管局可委任其工作人员，行使其在本法项下的权力，或履行其在本法项下的职能或职责，不论是在一般情况下还是在特定情况下，但（不能委任其他人员行使）以下权力排除在外：

(a) 本款下的委任权；和

(b) 制定附属条例。

(2) 新加坡金融监管局可通过在政府公报上发布通知，委任一名或多名其官员，依据附表2所指明的本法案条文，行使赋予某特定人员以豁免，或撤销该豁免的权力。

(3) 新加坡金融监管局依据第(1)或第(2)款委任的任何人员，就《刑法》(Cap. 224) 而言，均视为公职人员。

第二部分　征信局的牌照发放

6. 征信局牌照的发放

（1）依据本法规定，任何人若未就某种类型的征信业务取得新加坡金融监管局依据本法作出的批准，不能从事该类型的信用报告业务（即征信业务）。

（2）任何人违反本条，即构成犯罪，须为此承担以下法律责任：

（a）如为个人，则处以不超过125,000新加坡元的罚款或不超过3年的监禁，或二者并罚；如继续犯此罪，则对定罪后的继续犯罪行为处以每日（不超过一日的按一日计算）不超过12,500新加坡元的罚款；或

（b）其他情况下，处以不超过250,000新加坡元的罚款；如继续犯此罪，则对定罪后的继续犯罪行为处以每日（不超过一日的按一日计算）不超过25,000新加坡元的罚款。

7. 牌照申请

（1）希望从事征信业务的主体，须依据本条款以书面形式向新加坡金融监管局申请牌照。

（2）依据第(3)款的规定，第(1)款中的主体可申请牌照用以从事以下业务：

（a）消费者征信业务；

（b）企业征信业务；或

（c）消费者征信业务及企业征信业务。

（3）新加坡金融监管局在收到依据第(1)款提出的申请后，须在审查该申请后，向申请人发放无条件或附条件的牌照，或拒绝颁发牌照。

（4）除非满足以下条件，新加坡金融监管局不得向申请人发出牌照：

（a）申请人为公司；

（b）申请人符合新加坡金融监管局规定的财务和经营要求；并且

（c）申请书附有：

（ⅰ）监管局要求提供的信息；和

（ⅱ）按新加坡金融监管局规定方式缴付的不可退还的规定数额申请费。

（5）依据本条款颁发的牌照有效期为5年或新加坡金融监管局指明的较短期间，并可依据第8条进行续期。

（6）当另一主体持有该业务的牌照时，新加坡金融监管局不得向申请人颁发牌照，用于其从事：

（a）企业征信业务；或

（b）企业征信业务及消费者征信业务。

（7）新加坡金融监管局必须在政府公报公布其颁发牌照以及持牌征信局变更名称的情况。

（8）新加坡金融监管局可随时增加、更改或撤销（其颁发的）征信局牌照下所附的条件。

（9）持牌征信局必须在其牌照有效期内，始终符合新加坡金融监管局依据第75(1)条以书面通知指明的财务及经营要求。

（10）任何持牌征信局，若无合理理由未能遵守第(9)款要求或新加坡金融监管局依据第(3)款或第(8)款规定的附加条件，则构成犯罪，应当为此承担不超过100,000新加坡元的罚款，如继续犯此罪，则对定罪后的继续犯罪行为处以每日（不超过一日的按一日计算）不超过10,000新加坡元的罚款。

8. 牌照续期

（1）持牌征信局申请其牌照续期必须满足：

（a）至少在牌照有效期届满前6个月以书面形式向新加坡金融监管局提出申请；

（b）向新加坡金融监管局提供其要求提供的信息；并

（c）按新加坡金融监管局指定的方式，支付不可退还的申请费用。

（2）若牌照续期申请是在牌照有效期届满前不足6个月向新加坡金融监管局提出的，则除续期费用外，申请材料必须与逾期申请费一并递交。

（3）第7(3)条、第7(4)(a)条与第7(4)(b)条在进行必要调整后，也适用于本条规定的牌照续期申请，一如其适用于第7条规定的牌照申请。

（4）第7(5)条以及第7(7)条至第7(10)条在进行必要调整后，适用于本条规定的牌照续期申请，一如其适用于第7条规定的牌照申请。

9. 假冒持牌征信局

（1）任何主体不得假冒持牌征信局。

（2）任何主体违反本规定，即构成犯罪，须为此承担以下法律责任：

（a）如为个人，则处以不超过125,000新加坡元的罚款或不超过3年的监禁，或二者并罚；如继续犯此罪，则对定罪后的继续犯罪行为处以每日（不超过一日的按一日计算）不超过12,500新加坡元的罚款；或

（b）其他情况下，处以不超过250,000新加坡元的罚款；如继续犯此罪，则对定罪后的继续犯罪行为处以每日（不超过一日的按一日计算）不超过25,000新加坡元的罚款。

10. 持牌征信局的年费

（1）持牌征信局必须按照新加坡金融监管局规定的方式，向其缴付规定的年费。

（2）新加坡金融监管局可依据持牌征信局征信业务类别的不同，为其规定不同的年费。

（3）新加坡金融监管局可在其认为适当的情况下，取消、退还或减少已向其支付或应当向其支付的全部或部分年费。

11. 牌照的失效、撤销及暂停

（1）以下情况发生时，牌照失效：

（a）持牌征信局在新加坡或其他地方关闭或以其他方式解散；

（b）牌照在有效期届满时或届满前没有续期；或

（c）在其他可能规定的事件发生时。

（2）如存在以下情况，新加坡金融监管局可撤销持牌征信局的牌照：

（a）在监管局看来，持牌征信局的以下人员，不属于《适当性准则指引》下的适当人选：

（ⅰ）其管理人员和雇员；

（ⅱ）其大股东，如第39(2)条所界定的12%股权控制人、20%股权控制人及间接控权人。

（b）在监管局看来以下情况不符合要求：

（ⅰ）持牌征信局的财务状况；或

（ⅱ）持牌征信局经营业务的方式。

（c）持牌征信局正在违反或已经违反本法规定，或监管局依据本法施加的条件及发出的通知；

（d）在监管局看来，持牌征信局未能履行或曾经未能履行其在本法下的义务或监管局依据本法发出的通知中为其施加的义务；

（e）持牌征信局向监管局提供的本法所要求的信息或文件存在虚假或误导的情况；

（f）在监管局看来，持牌征信局或其管理人员或雇员未能公正诚信地履行其在本法项下的职责；

（g）在监管局看来，持牌征信局继续经营其业务是有悖于公众利益的；

（h）持牌征信局未支付第10(1)条所述的年费；或

（i）持牌征信局无法经营或停止经营其获得牌照的征信业务。

（3）新加坡金融监管局如认为如有需要：

（a）可以在其指定期间内，暂停持牌征信局的牌照，而无须依据第(2)款撤销牌照；以及

（b）可以在任何时候：

（ⅰ）延长牌照暂停的期限；或

（ⅱ）撤销该暂停。

（4）除第(5)款另有规定外，在未给予持牌征信局听证机会的情况下，监管局不得依据第(2)款撤销牌照或依据第(3)款暂停牌照。

（5）在下列情形下，新加坡金融监管局可在未给予持牌征信局听证机会的情况下撤销或暂停持牌征信局的牌照：

（a）持牌征信局正在新加坡或其他地方关闭或以其他方式解散；

（b）持牌征信局已在新加坡或其他地方为其财产指定了财产接收人、财产接收和管理人、司法管理人或具有同等职能的人员；

（c）持牌征信局已被认定：

（ⅰ）在新加坡或其他地方；并

（ⅱ）在本法案生效日期之前、当天或之后，构成欺诈或不诚信[①]的罪行，或从事了欺诈或不诚信的行为。

（6）牌照已失效、被撤销或暂停的征信局，必须自牌照失效、撤销或暂停之日起停止经营任何征信业务。

---

① 新加坡当局对于征信机构的诚信行为非常重视。

（7）如持牌征信局的牌照依据本条规定失效或撤销，该征信局必须：

（a）立即书面通知其所有成员其牌照已失效或被撤销；

（b）若监管局以书面通知指示，则该征信局在该通知指明的期间内：

（ⅰ）按照该通知规定的方式，销毁其所持有的载有相关数据的账簿，并删除其 IT 系统中的所有相关数据；

（ⅱ）将所有载有相关数据的账簿，以及信息技术系统中的数据，转移至新加坡金融监管局指定的第三者，并在转移后从其 IT 技术系统中删除所有数据；或

（ⅲ）将所有载有相关数据的账簿，以及信息技术系统的数据，转移至新加坡金融监管局指定的第三者；并且

（c）在牌照失效或撤销之日起 3 个月内，或新加坡金融监管局就个案批准的其他期间内，向新加坡金融监管局提交一份其审计师出具的报告，确认其已遵守（b）项中的规定。

（8）以下情况，持牌征信局必须依据实际情况，立即以书面形式通知其所有成员牌照暂停或延长暂停的事宜：

（a）持牌征信局的牌照依据第(3)(a)款被暂停；或

（b）依据第(3)(b)(i)项延长暂停牌照的期限。

（9）如牌照有以下情况时，新加坡金融监管局必须在政府公报刊登相关公告。

（a）失效；

（b）撤销；或

（c）暂停。

（10）尽管牌照失效或撤销，除非新加坡金融监管局另有指示，第 21 条、第 23 条、第 48 条、第 49 条和第 50 条对于原持牌征信局和其批准的成员而言，仍然适用于牌照失效或撤销之前发生的事项，正如牌照未失效或撤销一样。

（11）任何人违反第(6)、第(7)、第(8)款，即构成犯罪，须为此承担责任，承担不超过 100,000 新加坡元的罚款；如继续犯此罪，则对定罪后继续犯罪的行为处以每日（不超过一日的按一日计算）不超过 10,000 新加坡元的罚款。

（12）在本条中，“信息技术（IT）系统”是指由持牌征信局操作、维护或使用的电脑服务器、网络设备以及任何其他载有数据的电子设备。

12. 上诉权

对以下情形不服的公司，在接到拒绝、撤销或暂停通知后30天内，可向部长提起书面上诉：

（a）监管局拒绝向其发出牌照或为其牌照续期；或

（b）监管局撤销或暂停其牌照。

第三部分　持牌征信局的职责

13. 与客户信息相关的职责

（1）持牌征信局及其工作人员不得使用从其成员处获取的任何客户信息，以下情况除外：

（a）需要制作信用报告；或

（b）新加坡金融监管局以书面通知允许持牌征信局将客户信息用于其他用途。

（2）在不影响第16条的情况下，持牌征信局及其工作人员不得向任何人披露其从成员处获取成员的客户信息（包括载有成员的客户相关信息的信用报告），以下情况除外：

（a）向持牌征信局的获批成员披露信息，以使该获批成员能够评估该客户的信用水平（Creditworthiness）；或

（b）新加坡金融监管局以书面通知允许持牌征信局在通知指明的条件下向其他人披露信息。

（3）新加坡金融监管局可随时增加、更改或撤销依据本条施加的任何条件。

（4）除本法另有规定，持牌征信局及其工作人员不得向其成员收集：

（a）以下类型客户的信息：

（ⅰ）政府机关；

（ⅱ）任何国家或地区的金融监管局或中央银行；或

（ⅲ）主权财富基金；或

（b）客户存款信息。

（5）除第(2)款规定的情况外，持牌征信局及其工作人员不得使用或向任何人披露：

（a）从其成员收集到的以下类型客户的信息：

（ⅰ）政府机构；

（ⅱ）任何国家或地区的金融监管局或中央银行；或

（ⅲ）主权财富基金。

（b）从其成员处收集到的客户存款信息。

（6）除第(2)款规定的情况外，持有第7(2)(b)或第7(2)(c)条下牌照的征信局及其工作人员不得：

（a）向其成员收集客户信息；或

（b）使用或披露从其成员处获取的客户信息。

（7）除非本条另有规定：

（a）持牌征信局可向其任何成员披露其从成员处获取的消客户信息，而该信息只能供持牌征信局从事其征信业务；和

（b）持牌征信局工作人员可将持牌征信局成员从其任一成员处获取的客户信息披露给：

（ⅰ）持牌征信局的另一名工作人员；或

（ⅱ）持牌征信局，若该披露仅与该工作人员履行职责有关。

（8）任何人违反本条款的第(1)第(2)第(4)第(5)或第(6)子条款，即构成犯罪，须为此承担以下责任：

（a）如为个人，则处以不超过125,000新加坡元的罚款或不超过3年的监禁，或二者并罚；

（b）其他情况下，则处以不超过250,000新加坡元的罚款。

（9）在本条中，除非条文中另有要求：

（a）当持牌征信局成员依据第(2)款向任一法人团体披露其客户信息时，出于第(2)款下披露目的的必要，客户信息可能会披露给该法人团体的工作人员；并且

（b）第(2)第(5)和第(6)款提及的持牌征信局工作人员不得披露客户信息的义务，在该工作人员在持牌征信局的任命、雇佣、参与或其他职能结束

之后仍然持续。

(10) 在本条中:

"工作人员"的含义与《银行法》(Cap. 19) 第2(1)条相同;

"主权财富基金"是指一个国家或地区的中央政府,或一个完全由该政府所有和受益的实体,其资金(包括该政府的准备金和该国的养老金或公积金)由政府所有的实体管理。

(11) 本条适用于持牌征信局依据第18(1)或(2)项要求获取的任何信息,正如其适用于该持牌征信局任何成员的客户信息。

(12) 本条不影响持牌征信局或其工作人员依据本法其他规定向新加坡金融监管局或其他人提供其成员的客户信息的义务。

14. 负责维护数据的安全性和完整性

(1) 持牌征信局必须对其从数据提供者处收集的所有数据:

(a) 确保持牌征信局处理的数据的完整性(删除或销毁该等数据时除外);和

(b) 做好合理的安全保障,以防止数据免遭未经授权的查阅、收集、使用、披露、复制、修改、清理或其他类似的风险。

(2) 出于第(1)(a)项的立法目的,持牌征信局从数据提供者收集的数据假定是完整的,除非依据第18(3)(b)(i)、第19(1)或第35(3)(a)条要求持牌征信局更正数据。

(3) 任何人违反第(1)款的规定,即构成犯罪,须为此承担责任,承担不超过250,000新加坡元的罚款;如继续犯此罪,则对定罪后继续犯罪的行为处以每日(不超过一日的按一日计算)不超过25,000新加坡元的罚款。

15. 通过与数据提供者签订的合约,保障数据的完整性

持牌征信局必须确保其在本法生效后与数据提供者订立的所有从数据提供者处获取数据的合同、协议或续期合约(不论数据提供者是否属于持牌征信局或其成员)中,数据提供者均负有尽可能保证其提供给持牌征信局的数据具备完整性的义务。

16. 向数据主体披露信用报告或取得数据主体的书面同意

(1) 除第13条另有规定外,持牌征信局及其工作人员可向第(2)款所述的人员披露:

（a）其成员从其他成员处获取的客户信息；或

（b）持牌征信局制作的信用报告。

（2）第（1）款所述的人员为：

（a）客户信息或信用报告的数据主体；或

（b）持牌征信局取得数据主体书面同意，而予以披露的第三者。

（3）本条适用于持牌征信局依据第 18 条第（1）（2）款的要求获取的所有信息，一如其适用于该持牌征信局所有成员的客户信息。

17. 提供获取数据渠道的职责

（1）依据数据主体的要求，持牌征信局必须在该要求提出后 5 个工作日内，或在监管局以书面通知中指明的较短期间内，向数据主体提供其信用报告。

（2）除第（3）款另有规定外，持牌征信局每次向数据主体提供第（1）款下的信用报告时，可向该数据主体收取费用。

（3）在第（2）款规定之外的以下情形：

（a）数据主体（个人）向持牌征信局的获批成员申请信贷服务；和

（b）在获批成员批准或拒绝信贷服务申请后 30 天内，个人要求持牌征信局就该申请提供本人的信用报告。

持牌征信局必须在第（b）项下的要求作出后5个工作日内，或在监管局以书面通知中指明的较短期间内，免费向该人士提供信用报告。

（4）持牌征信局必须以数据主体选择的下列其中一种形式提供第（1）款所述的信用报告：

（a）在持牌征信局的注册办事处向数据主体提供书面副本；

（b）以挂号邮递方式向数据主体指定的地址寄送书面副本；

（c）电子副本；

（d）以电子邮件发送向数据主体指定的电子邮件地址发送电子副本。

（5）任何人违反第（1）第（3）第（4）款，即构成犯罪，须为此承担不超过250,000新加坡元的罚款；如继续犯此罪，则对定罪后的继续犯罪行为处以每日（不超过一日的按一日计算）不超过 25,000 新加坡元的罚款。

18. 依据要求更正信息

（1）数据主体可要求持牌征信局更正其持有或控制的本人数据中的错误

或遗漏。

（2）数据供应商可要求持牌征信局更正其向持牌征信局提供的数据中的错误或遗漏。

（3）持牌征信局在收到依据第(1)或(2)款提出的要求后，必须：

（a）在收到金融监管局的要求后，且在其书面通知指定的期间内，开展并完成调查，以确保该数据的完整性；并且

（b）除非有合理理由认为不应该作出更正，否则在监管局以书面通知指定的期间内：

（ⅰ）更正其持有或控制的数据；并

（ⅱ）在数据更正前的一年内持牌征信局将数据披露给每一名获批成员，同时将更正后的数据发送给获批成员。

（4）任何人违反第(3)款的规定，即构成犯罪，须为此承担责任，承担不超过250,000新加坡元的罚款；如继续犯此罪，则对定罪后的继续犯罪行为处以每日（不超过一日的按一日计算）不超过25,000新加坡元的罚款。

19. 更正持牌征信局主动提供的数据

（1）若有证据表明持牌征信局持有或控制的数据主体的数据与：

（a）该持牌征信局持有或控制的该数据主体的其他数据；或

（b）该持牌征信局从相关政府机构获得的该数据主体的数据之间存在冲突，则持牌征信局必须依据第(2)款更正该数据中的错误或遗漏。

（2）除另有规定的情况外，持牌征信局在依据第(1)款对数据做出更正前，必须：

（a）通知向持牌征信局提供该数据的数据提供者该更正事项；并

（b）在不违反第(3)款规定的情况下，取得该数据提供者对该更正事项的同意。

（3）若拒绝更正的意见是多余的或无理的，则持牌征信局无须取得第(2)(b)款下的同意。

（4）任何人违反第(1)或第(2)款的规定，即构成犯罪，须为此承担责任，承担不超过100,000新加坡元的罚款；如继续犯此罪，则对定罪后继续犯罪的行为处以每日（不超过一日的按一日计算）不超过10,000新加坡元的罚款。

20. 向新加坡金融监管局通知相关事项的义务

（1）持牌征信局在以下事件发生后，必须尽快通知新加坡金融监管局：

（a）导致持牌征信局持有或控制的数据的机密性或安全性受到损害的事件；

（b）在新加坡或其他地方对持牌征信局提起的民事或刑事诉讼；

（c）妨碍或损害持牌征信局经营的事件（包括持牌征信局的业务违规行为）；

（d）持牌征信局正面临或可能面临破产或无法履行其财务的、法定的、合同约定的或其他形式的债务；

（e）新加坡金融监管局可以不定期以书面通知形式对其他事件作出规定。

（2）依据第(1)款的规定，持牌征信局必须在下列事件发生后14日内通知新加坡金融监管局：

（a）除持牌征信局经理或首席执行官外的工作人员的变动；

（b）新加坡金融监管局可以不定期以书面通知形式对其他事件作出规定。

（3）任何人违反第(1)或第(2)款的规定，即构成犯罪，须为此承担不超过250,000新加坡元的罚款。

21. 向新加坡金融监管局提供信息的义务

（1）依据第(4)款规定，新加坡金融监管局可以通过书面通知，要求持牌征信局或以其名义工作的个人，在书面通知要求的时间内，提供涉及其征信业务的所有信息。

（2）在不影响第(1)款的通用性的情况下，新加坡金融监管局可以在其通知中，要求第(1)款所提及的人员提供：

（a）与持牌征信局经营情况有关的信息；

（b）持牌征信局持有或控制的其成员的客户信息；和

（c）监管局为本法目的可能要求提供的其他信息。

（3）在符合第(4)款规定的情况下：

（a）监管局依据本条规定作出的要求是有效的，即使（持牌征信局或其工作人员）依据其他法律或合同约定在信息披露中负有保密义务或其他义

务；并且

（b）任何人履行新加坡金融监管局依据本条作出的要求，不会被视为违反其在其他法律或合同约定下的在信息披露中的保密义务或其他义务。

（4）本条规定不要求任何人披露任何受到法律特别约束的信息。

（5）任何人如不遵从依据第(1)款作出的通知，即构成犯罪，须为此承担以下责任：

（a）如为个人，则处以不超过50,000新加坡元的罚款或不超过2年的监禁，或二者并罚；如继续犯此罪，则对定罪后的继续犯罪行为处以每日（不超过一日的按一日计算）不超过5,000新加坡元的罚款；或

（b）其他情况下，处以不超过100,000新加坡元的罚款；如继续犯此罪，则对定罪后继续犯罪的行为处以每日（不超过一日的按一日计算）不超过10,000新加坡元的罚款。

22. 提交定期报告的义务

（1）持牌征信局必须以新加坡金融监管局书面通知规定的形式、方式及频率，向监管局提交与其征信业务有关的报告或反馈。

（2）任何人违反第(1)款的规定，即构成犯罪，须为此承担不超过100,000新加坡元的罚款；如继续犯此罪，则对定罪后继续犯罪的行为处以每日（不超过一日的按一日计算）不超过10,000新加坡元的罚款。

第四部分　对持牌征信局的审计

23. 审计

（1）除《公司法》（Cap. 50）的规定外，持牌征信局：

（a）必须每年在新加坡金融监管局的批准下委任一名审计师；并且

（b）在因任何原因导致该审计师不再是其审计师的情况下，必须在取得监管局的批准下，在该审计师终止其职责时尽快委任另一名审计师。

（2）新加坡金融监管局只有在审计师能够遵守监管局决定的有关审计师履职的要求时，才能批准该审计师成为持牌征信局的审计师。

（3）如有以下情况，新加坡金融监管局可以（为持牌征信局）委任一名审计师：

（a）若持牌征信局未能委任一名审计师；或

（b）若监管局认为需要另一名审计师与依据第(1)款委任的审计师合作，并可随时调整，持牌征信局须向该监管局委任的审计师支付的薪酬。

（4）依据第(1)或第(3)款委任的审计师的职责为：

（a）在其受委任的年度内，对持牌征信局的账目进行审计；并

（b）依据《公司法》第207条，就持牌征信局的财务报表或合并财务报表作出报告。

（5）新加坡金融监管局可通过书面通知，在第(4)款所规定的职责外，对审计师规定下列全部或部分职责，该审计师必须履行该职责：

（a）在监管局认为有必要的情况下，提交与审计有关的附加信息；

（b）扩大对持牌征信局进行审计的业务范围；

（c）在特定情况下，从事与审计有关的其他审查，或制定与审计有关的程序；

（d）就第(b)项和第(c)项所述事项作出报告。

（6）持牌征信局必须向审计师支付以下规定中的报酬：

（a）监管局依据第(3)款调整的薪酬；和

（b）审计师履行第(5)款规定下的全部或部分额外职责的薪酬。

（7）不论本法或《公司法》有任何其他规定，新加坡金融监管局若对审计师的履职不满意，可随时要求持牌征信局：

（a）解雇该审计师；并

（b）委任另一名审计师。

（8）审计师依据第(4)条第(b)项所作的报告，必须附有持牌征信局的财务报表或合并财务报表，而该报告的副本，则须与第(5)款中的报告一同以书面方式提交监管局。

（9）若审计师在履行其审计职责中，发现有以下情形：

（a）出现严重违反或不遵守本法规定的行为；

（b）构成欺诈或不诚信的罪行；

（c）持牌征信局出现了资本减少50%及以上的损失；

（d）发生了严重违规行为，包括危及持牌征信局收集、使用或披露的数据的机密性、安全性或完整性的违规行为；或

（e）审计师不能确定持牌征信局资产是否能够覆盖其债权人（对其拥有）的债权，审计师必须立即向新加坡金融监管局报告该情形。

（10）若审计师或其雇员向新加坡金融监管局善意披露：

（a）其知悉或怀疑的第(9)款下的事项；或

（b）对上述事项的知悉或怀疑所基于的信息。

该披露不构成违反其他法律、合同或专业行为准则对该披露行为施加的限制性规定，且审计师或其雇员无须对该披露或该披露导致的作为或不作为造成的损失承担责任。

（11）持牌征信局违背第(1)款规定，即构成犯罪，须为此承担不超过100,000新加坡元的罚款；如继续犯此罪，则对定罪后的继续犯罪行为处以每日（不超过一日的按一日计算）不超过10,000新加坡元的罚款。

（12）审计人员违反第(5)、第(9)款,即构成犯罪，须为此承担责任，承担不超过100,000新加坡元的罚款；如继续犯此罪，则对定罪后的继续犯罪行为处以每日（不超过一日的按一日计算）不超过10,000新加坡元的罚款。

（13）本条规定中的“合并财务报表”和“财务报表”的含义与《公司法》第209A条相同。

24. 新加坡金融监管局委任的审计师的权力

（1）新加坡金融监管局依据第23(3)条委任的审计师，出于审查或审计的目的，可以：

（a）在宣誓或确认的基础上，对持牌征信局的执行人员或雇员，或持牌征信局的其他审计师进行审查；

（b）要求持牌征信局的执行人员或雇员，或持牌征信局的其他审计师，提供持牌征信局持有的或持牌征信局名义下的与其业务有关的账簿；

（c）复制、摘录或保留(b)项所述的任何账簿,以便在必要期间进行检查；

（d）雇用审计师认为对辅助其从事审查或审计有必要的人员；和

（e）书面授权审计师雇用的人员，在审查或审计中，从事审计师在本款下可作出的行为，但经宣誓或确认的人从事的审查事项除外。

（2）任何个人在没有合理理由的情况下：

（a）拒绝回答或未能回答依据第23(3)条委任的审计师或本条第(1)(e)

项获授权的人向其提出的任何问题；或

（b）未能履行上述审计师或授权人员对其提出的要求。

违反上述条款即构成犯罪，须为此承担不超过12,500新加坡元的罚款或不超过12个月的监禁，或二者并罚。

25. 对审计师和雇员在某些事项上的沟通权的限制

（1）除了对于本法条款的生效有必要，或出于民事或刑事法律程序的目的外：

（a）依据第23(1)或(3)条委任的审计师；或

（b）该审计师的任何雇员，不得向除新加坡金融监管局以外的其他人，披露其在履行审计师或雇员的职责过程中知悉的信息，审计师的雇员不得将其在独立履职过程中知悉的信息披露给审计师。

（2）任何人违反本条规定，即构成犯罪，须为此承担以下法律责任：

（a）如属审计师，须承担不超过25,000新加坡元的罚款；

（b）如属雇员，须承担不超过12,500新加坡元的罚款。

26. 破坏、隐瞒、篡改记录等行为

（1）（以下列方式）意图阻止、推延或阻碍依据第23条或第24条进行的审查或审计的个人构成犯罪，须为此承担不超过50,000新加坡元的罚款或不超过2年的监禁，或二者并罚：

（a）销毁、隐藏或更改与持牌征信局业务有关的账簿；或

（b）指使他人或与他人密谋，将账簿或账簿中记载的属于持牌征信局或由其控制的资产，输送到新加坡以外的地方。

（2）若在第(1)款下犯罪行为的法律程序中，被控该罪行的个人被证明：

（a）销毁、隐藏或涂改第(1)(a)项所述账簿；或

（b）将第(1)(b)项所述账簿或资产送往或合谋送往新加坡以外，该人员有义务证明其行为并非有意阻止、拖延或阻碍第23条或第24条下的审查或审计。

第五部分 对获批成员的批准

27. 获批成员的权利

依据本法规定，只有持牌征信局的获批成员才能从持牌征信局的其他成员处获得客户信息（包括成员客户的信用报告）。

28. 假冒获批成员

（1）任何人不得假冒持牌征信局获批成员。

（2）任何人违反第（1）款的规定，即构成犯罪，须为此承担不超过250,000新加坡元的罚款；如继续犯此罪，则对定罪后继续犯罪的行为处以每日（不超过一日的按一日计算）不超过25,000新加坡元的罚款。

29. 视为批准和实际批准

（1）附表一中的持牌征信局成员，视为持牌征信局的获批成员，直至该批准依据本条规定被取消或撤销为止。

（2）第（1）款中持牌征信局成员视为获批的情形，须满足新加坡金融监管局在书面通知中指明的条件。

（3）持牌征信局可向新加坡金融监管局申请其成员［包括第（1）款中被视为已批准但在本部分已取消或撤销其批准的成员］被批准成为该持牌征信局的获批成员。

（4）第（3）款下的申请，必须按照新加坡金融监管局在其书面通知中指明的形式和方式提出。

（5）新加坡金融监管局可要求持牌征信局或申请成员，向其提供其认为对审核申请而言有必要的信息或文件。

（6）新加坡金融监管局在收到依据第（3）款提出的申请后，必须对该申请予以审查，并可以：

（a）附条件或无条件批准该成员成为持牌征信局的获批成员；或

（b）拒绝申请。

（7）新加坡金融监管局可随时增加、更改或撤销获批成员所获获批或视为获批所附加的条件。

（8）持牌征信局必须在成为持牌征信局后14天内，在其网站上公布其获批成员的名单［包括依据第(1)款被视为获批成员的名单］。

(9) 持牌征信局必须在以下日期后的14天内，在其网站上公布其获批成员的最新名单：

(a) 对附表一的修订导致有成员成为获批成员之日；

(b) 有成员成为附表一所列人员之日；或

(c) 有成员依据第(6)(a)项获得批准成为获批成员之日。

(10) 持牌征信局的获批成员若未能遵守新加坡金融监管局依据第(2)款、第(6)款第(a)项或第(7)款施加的条件，即构成犯罪，须为此承担不超过100,000新加坡元的罚款；如继续犯此罪，则对定罪后继续犯罪的行为处以每日（不超过一日的按一日计算）不超过10,000新加坡元的罚款。

(11) 持牌征信局违反第(8)款，即构成犯罪。

30. 注销获批或视为获批（的资格）

(1) 持牌征信局的获批成员若希望停止以下活动，可向新加坡金融监管局申请注销其获批资格或视为获批的资格：

(a) 向持牌征信局提供其客户信息或该持牌征信局其他获批成员的客户信息；

(b) 要求持牌征信局提供其获批成员的客户信息（包括成员客户的信用报告）；

(c) 使用持牌征信局获批成员从持牌征信局获取的客户信息（包括信用报告中的所有信息）。

(2) 新加坡金融监管局在审查申请的过程中，若认为获批成员终止了第(1)款中的活动，可以注销持牌征信局获批成员的获批或视为获批（的资格）。

(3) 被注销获批或视为获批（的资格）的持牌征信局成员，自该注销生效之日起，不再是持牌征信局的获批成员。

(4) 持牌征信局获批成员的获批或视为获批（的资格）被注销时，该前获批成员：

(a) 不得使用或披露其从持牌征信局处获取的该机构获批成员的客户信息，但其他成文法律允许的除外；并且

(b) 必须立即以书面形式通知持牌征信局该注销事宜。

（5）新加坡金融监管局在注销持牌征信局获批成员的获批或视为获批（的资格）时，必须在政府公报上刊登公告。

（6）当持牌征信局获批成员的获批或视为获批（的资格）依据第(2)款被注销时，持牌征信局必须在收到第(4)(b)项下的通知后的14天内，从其网页上的获批成员列表中删除该前获批成员。

（7）即使注销了持牌征信局某获批成员的获批或视为获批（的资格），除非新加坡金融监管局另有指示，第37条、第49条和第50条与该资格注销没有发生之前一样，仍然适用于该前获批成员被注销资格之前收到或发生的事项。

（8）持牌征信局的前获批成员违反第(4)款的规定即构成犯罪，须为此承担不超过250,000新加坡元的罚款；如继续犯此罪，则对定罪后的继续犯罪行为处以每日（不超过一日的按一日计算）不超过25,000新加坡元的罚款。

（9）持牌征信局如违反第(6)款，即构成犯罪。

（10）本条适用于依据第18(3)(b)(ⅱ)款由持牌征信局获批成员或前获批成员获取的更正数据，正如其适用于该获批成员或前获批成员获取的持牌征信局获批成员的（一般）客户信息。

31. 撤销获批或视为获批（的资格）

（1）在以下情形中，新加坡金融监管局可以撤销持牌征信局获批成员的获批或视为获批（的资格）：

（a）监管局认为该获批成员违反或曾经违反：

（ⅰ）本法规定；或

（ⅱ）监管局依据本法作出的书面通知。

（b）获批成员依据本法向监管局提供的信息或文件是虚假的或具有误导性的；

（c）监管局认为获批成员及其工作人员或雇员未能诚信或公平地履行其在本法项下的职责；

（d）获批成员未能从事或停止第30(1)款指明的活动；或

（e）监管局认为获批成员继续享有该资格会有违公众利益。

（2）除第(3)款规定的情形外，新加坡金融监管局不得在未给予持牌征信局获批成员听证机会的情况下，依据第(1)款撤销其获批或视为获批（的资格)。

(3）以下情况，新加坡金融监管局可以不给予持牌征信局获批成员听证机会，即撤销其获批或视为获批（的资格)：

(a）获批成员正在新加坡或其他地方关闭或以其他方式解散；

(b）已经在新加坡或其他地方为获批成员的财产指定了财产接收人、财产接收和管理人、司法管理人或具有同等职能的人员；

(c）获批成员在新加坡或其他地方被判犯有欺诈或不诚信的罪行，或被判其从事了欺诈或不诚信的行为。

(4）持牌征信局的获批成员，其获批或视为获批（的资格）被撤销的，自撤销生效之日起，即不再是持牌征信局的获批成员。

(5）若持牌征信局获批成员的获批或视为获批（的资格）被撤销，则该前获批成员：

(a）除非其他法律允许，不得使用或披露该其从持牌征信局获取获批成员的客户信息；并且

(b）必须立即以书面形式通知持牌征信局该撤销事项。

(6）新加坡金融监管局撤销持牌征信局获批成员的获批或视为获批（的资格)，必须在政府公报刊登公告。

(7）当持牌征信局获批成员的获批或视为获批（的资格）依据第(1)款被撤销时，持牌征信局必须在收到第(5)(b)项下的通知后的 14 天内，从其网页上的获批成员列表中删除该前获批成员。

(8）尽管撤销了持牌征信局某获批成员的获批或视为获批（的资格)，除非新加坡金融监管局另有指示，第 37 条、第 49 条和第 50 条与该资格撤销没有发生之前一样，仍然适用于该前获批成员被撤销资格之前收到或发生的事项。

(9）持牌征信局的前获批成员违反第(5)款的规定即构成犯罪，须为此承担不超过 250,000 新加坡元的罚款；如继续犯此罪，则对定罪后的继续犯罪行为处以每日（不超过一日的按一日计算）不超过 25,000 新加坡元的罚款。

(10）持牌征信局如违反本条第(7)款，即构成犯罪。

（11）本条适用于依据第18(3)(b)(ⅱ)款由持牌征信局获批成员或前获批成员获取的更正数据，正如其适用于该获批成员或前获批成员获取的持牌征信局获批成员的客户信息。

32. 对拒绝批准或撤销资格的上诉权

（1）对以下情形不服的公司，在接到拒绝通知或撤销生效后30天内，可向部长提起书面上诉：

（a）新加坡金融监管局拒绝批准持牌征信局的成员成为获批成员；或

（b）新加坡金融监管局撤销其作为持牌征信局获批成员的获批或视为获批的资格。

（2）持牌征信局成员对新加坡金融监管局拒绝批准成为持牌征信局获批成员的意见不服的，可在该拒绝意见作出后的30天内向部长提起书面上诉。

（3）许可征信局的前获批成员对其获批或视为获批的资格被撤销不服的，可在撤销意见作出后30天内向部长提起书面上诉。

第六部分　持牌征信局获批成员的职责

33. 维护客户信息的机密性的义务

（1）除为第(2)款中的目的外，持牌征信局获批成员及其工作人员不得：

（a）要求持牌征信局提供其获批成员的客户信息（包括成员客户的信用报告）；

（b）使用持牌征信局获批成员从持牌征信局获取的客户信息（包括信用报告中的所有信息）。

（2）第(1)款所述的目的为：

（a）客户信息对于评估其信用水平是绝对必要的；或

（b）新加坡金融监管局以书面通知允许的其他目的。

（3）持牌征信局的获批成员及其执行人员，不得向持牌征信局披露该成员或该持牌征信局的任何其他获批成员的客户信息，以下情形除外：

（a）客户信息对于制作信用报告是绝对必要的；

（b）为使持牌征信局能够依据第13(2)(b)条作出披露；

（c）为使持牌征信局能够依据第16条作出披露；或

(d) 为新加坡金融监管局以书面通知允许，并在通知中指明的其他目的。

(4) 持牌征信局的获批成员及其执行人员，不得向其他任何人披露其从持牌征信局处获取的其他获批成员的客户信息，以下人员除外：

(a) 与信息有关的客户；

(b) 获批成员的执行人员向该获批成员进行披露；

(c) 该持牌征信局；或

(d) 新加坡金融监管局以书面通知允许，并在通知中指明可予以披露的其他人员。

(5) 除第(3)及(4)(c)款另有规定外，在以下情形中，持牌征信局的获批成员及其执行人员，不得向持牌征信局披露其获批成员的任何客户信息：

(a) 持牌征信局的牌照失效；

(b) 持牌征信局的牌照被撤销；或

(c) 持牌征信局的牌照被暂停。

(6) 新加坡金融监管局可随时增加、更改或撤销本条规定施加的任何条件。

(7) 除第(3)及第(4)(c)款另有规定外，持牌征信局的获批成员及其执行人员不得向持牌征信局披露其任何存款信息。

(8) 为避免疑问，第(3)、第(4)、第(5)及第(7)款并不影响获批成员及其执行人员在其他成文法[包括《银行法》(Cap. 19)]下享有的披露权。

(9) 任何人违反第(1)、第(3)、第(4)、第(5)、第(7)款或依据第(6)款施加的任何条件，即构成犯罪，为此承担以下责任：

(a) 如为个人，则处以不超过125,000新加坡元的罚款或不超过3年的监禁，或二者并罚；

(b) 其他情况下，则处以不超过250,000新加坡元的罚款。

(10) 在本条规定中，除非上下文另有要求：

(a) 授权征信局获批成员的客户信息可能会依据第(3)款或第(4)款披露给任何法人团体，为使该披露在前述条款下获得授权，客户信息可能有必要披露给该法人团体的工作人员；并且

(b) 第(3)、第(4)、第(5)、第(7)款提及的持牌征信局工作人员不得

披露客户信息的义务，在该工作人员的任命、雇佣、参与或其他职能（该工作人员曾在该状态下提供客户信息）结束之后仍然持续。

（11）本条中“工作人员”的含义与《银行法》第2(1)条相同。

（12）本条适用于依据第18(3)(b)(ⅱ)款由持牌征信局获批成员或前获批成员获取的更正数据，正如其适用于该获批成员或前获批成员获取的持牌征信局获批成员的客户信息。

34. 维护数据安全性和完整性的义务

（1）持牌征信局的获批成员必须：

（a）确保其向持牌征信局提供的任何数据的完整性；

（b）做好合理的安全保障，防止未经授权的查阅、收集、使用、披露、复制、修改、清理或其他类似风险，从而保障从持牌征信局获取的数据的安全；和

（c）清理从持牌征信局收到的数据，若

（ⅰ）提供该数据的目的无须通过保留该数据而得到实现；并且

（ⅱ）对于获批成员的法律或商业目的而言，数据保留不再必要。

（2）任何人违反第(1)款的规定，即构成犯罪，须为此承担不超过250,000新加坡元的罚款；如继续犯此罪，则对定罪后继续犯罪的行为处以每日（不超过一日的按一日计算）不超过25,000新加坡元的罚款。

35. 更正信息的义务

（1）以下情况，数据主体可要求持牌征信局的获批成员更正该数据主体的数据错误或遗漏：

（a）该数据已由该持牌征信局处理；并且

（b）该数据由该获批成员持有或控制。

（2）收到第(1)款下的要求后，获批成员必须：

（a）尽快将该要求通知持牌征信局；

（b）在新加坡金融监管局给其的书面通知中指明的期间内完成调查，以确定该数据的完整性；和

（c）除非获批成员有合理理由认为不应在监管局给其的书面通知中指明的期间内作出更正，否则必须：

（ⅰ）更正其持有或控制的数据；并且

（ⅱ）以书面形式通知持牌征信局有关数据须予以更正的评估意见。

（3）若持牌征信局被其获批成员依据第(2)(c)(ⅱ)款通知须对数据作出更正,则该持牌征信局必须在新加坡金融监管局在书面通知中指明的期限内：

（a）更正其持有或控制的信息；并且

（b）将更正后的数据发送给持牌征信局在更正前一年内将有关数据披露给的每一名获批成员。

（4）任何人违反第(3)款的规定，即构成犯罪，须为此承担责任，承担不超过250,000新加坡元的罚款；如继续犯此罪，则对定罪后继续犯罪的行为处以每日（不超过一日的按一日计算）不超过25,000新加坡元的罚款。

36. 负责向持牌征信局提交信息的义务

（1）新加坡金融监管局可通过书面通知，要求持牌征信局的获批成员以其通知中所指明的期间和方式，向持牌征信局提供与持牌征信局的征信业务有关的数据。

（2）任何人违反第(1)款的规定，即构成犯罪，须为此承担责任，承担不超过100,000新加坡元的罚款；如继续犯此罪，则对定罪后的继续犯罪行为处以每日（不超过一日的按一日计算）不超过10,000新加坡元的罚款。

37. 向新加坡金融监管局提供信息的义务

（1）除第(4)款另有规定，新加坡金融监管局可通过书面通知，要求持牌征信局的获批成员或以其名义工作的人员，在通知中指明的期间内，向监管局提供以下信息：

（a）该获批成员在其所在持牌征信局中的成员资格；和

（b）获批成员作为持牌征信局获批成员从事的活动。

（2）在不影响第(1)款的通用性的情况下，新加坡金融监管局可在其通知中要求获批成员以定期反馈或其他形式提供：

（a）有关其作为持牌征信局获批成员的业务参与情况的信息；

（b）有关其向持牌征信局提供的数据的机密性、安全性或完整性的信息；以及

（c）监管局出于本法目的可能要求提供的其他信息。

（3）在符合第(4)款规定的条件下：

（a）监管局依据本条规定作出的要求是有效的，即使（持牌征信局或其工作人员）依据其他法律或合同约定在信息披露中负有保密义务或其他义务；并且

（b）任何人履行新加坡金融监管局依据本条作出的要求，不会被视为违反其在其他法律或合同约定下的在信息披露中的保密义务或其他义务。

（4）本条规定不要求任何人披露任何受到法律特别约束的信息。

（5）任何人如不遵从依据第(1)款作出的通知，即构成犯罪，须为此承担以下责任：

（a）如为个人，则处以不超过50,000新加坡元的罚款或不超过2年的监禁，或二者并罚；如继续犯此罪，则对定罪后继续犯罪的行为处以每日（不超过一日的按一日计算）不超过5,000新加坡元的罚款；或

（b）其他情况下，处以不超过100,000新加坡元的罚款；如继续犯此罪，则对定罪后的继续犯罪行为处以每日（不超过一日的按一日计算）不超过10,000新加坡元的罚款。

38. 在信贷服务文件中提供信息的义务

（1）新加坡金融监管局可以通过书面通知，要求持牌征信局的获批成员，要求其在提供给其客户的信贷服务文件中包含通知中指明的信息。

（2）在不影响第(1)款的通用性的情况下，第(1)款中的通知可要求获批成员在信贷服务文件中指明，若客户是持牌征信局信用报告的数据主体，则该客户有权：

（a）向持牌征信局索取信用报告副本；和

（b）若客户为个人，则其可以从持牌信用机构免费获取信用报告副本，但须符合第17(3)款的规定。

（3）任何人若不遵守依据第(1)款作出的通知，即构成犯罪，须为此承担不超过25,000新加坡元的罚款。

（4）在本条中，“信贷服务文件”指与信贷服务申请有关的申请表、批准信、拒绝信或其他文件。

第七部分　控制持牌征信局的大股东、控制人及工作人员

39. 对第40条至第45条的适用和解释

（1）本条及第40条至第45条适用于：

（a）所有个人，不论其是否居住在新加坡，也不论其是否新加坡公民；和

（b）所有实体。

（2）在第40条至第45条中，除非上下文另有规定，持牌征信局的“12%控制人”是指单独或与其同盟共同：

（a）持有持牌征信局12%及以上股份权益的人；或

（b）能够控制持牌征信局12%及以上投票权的人；

持牌征信局的“20%控制人”是指单独或与其同盟共同：

（a）持有持牌征信局20%及以上股份权益的人；或

（b）能够控制持牌征信局20%及以上投票权的人；

“协议”包括任何正式或非正式的计划、协议或谅解书，以及任何明示或暗示的信托安排；

持牌征信局的“间接控制人”是指以下人员，不论是单独行事还是他人共同行事，也不论其是否持有持牌征信局的股份或控制其投票权：

（a）持牌征信局经理习惯于或有义务（不论正式的或非正式的），按照其指示、命令或意愿采取行动的人员；或

（b）能够决定持牌征信局的政策的人员，但以下人员除外：

（ⅰ）获监管局批准委任的持牌征信局经理或其他工作人员；或

（ⅱ）要求持牌征信局经理按照其指示、命令或意愿（仅因这是他们依据自身专业能力提出的意见）行事的人员；

“大股东”含义与《公司法》（Cap. 50）第81条相同；

“有表决权的股份”的含义与公司法第4(1)条相同。

（3）在本条及第40条至第45条中：

（a）以下情形，某人享有某一股份下的权益：

（i）依据《公司法》第7(1A)、(1B)、(2)、(6)、(7)至(10)条，该人士已拥有或被视为拥有该股份下的权益；或

（ii）除《公司法》第7(9)条所忽视的权益外，该人士在该股份中还享有其他法定的或衡平法下的权益；

（b）控制持牌征信局百分之一的投票权，意味着能够直接或间接控制可能在该持牌征信局股东大会上投出的该百分比数量的全部票数；

（c）以下情形，A是B的同盟：

（i）A是B的配偶、父母、（外）祖父母、继父母、子女、（外）孙子女、继子女或兄弟姐妹；

（ii）A是一个法人团体，且A或其绝大多数经理习惯于或有义务（无论正式或非正式）按照B的指示、命令或意愿行事；

（iii）A是个人，且其习惯于或有义务（无论正式或非正式）按照B的指示、命令或意愿行事；

（iv）A是B的子公司；

（v）A是法人团体，B能够单独或者与其在第(ii)、(iii)及(iv)款下的同盟共同控制A的20%及以上的投票权；或

（vi）A与B达成了口头的、书面的或其他明示或暗示的协议或安排，要求其在收购、持有或处置股份及其他利益时，或者在行使其在持牌征信局中的投票权时，应该共同行动。

40. 对持牌征信局的持股的控制

（1）在未事先向新加坡金融监管局申请并取得其批准的情况下，任何人不得成为持牌征信局的：

（a）大股东；

（b）12%控制人；

（c）20%控制人；或

（d）间接控制人。

（2）在第(8)款规定的情况外，若某人在本法生效之前即为某持牌征信局的：

（a）大股东；

（b）12%控制人；

（c）20%控制人；或

（d）间接控制人。

除非其在上述生效日期后六个月内或新加坡金融监管局允许的更长期限内，向监管局提出申请，否则不能继续保持其作为股东或控制人的地位。

（3）在未事先向新加坡金融监管局申请并取得其批准的情况下，任何人不得为了和共同构成5%及以上票数股权的他人，在收购、持有、处置或行使有投票权的股份中的利益时共同行动，而订立口头的、书面的或其他明示或暗示的协议或安排。

（4）除第(8)款规定的情况外，若某人在本法生效之前即订立了第(3)款下的协议或安排，则除非其在上述生效日期后六个月内或新加坡金融监管局允许的更长期限内，向监管局提出申请，否则不能继续保持其作为该协议或安排中的当事人的地位。

（5）以下情形，新加坡金融监管局可以批准依据第(1)、第(2)、第(3)或第(4)款提出的申请：

（a）考虑到申请人可能产生的影响，持牌征信局将会或者将会继续谨慎经营其业务，并遵守本法的规定；

（b）依据《适当性准则指引》，该人士是持牌征信局大股东、12%控制人、20%控制人或间接控制人的适当人选；并且

（c）批准申请符合公众利益。

（6）对依据第(5)款作出的批准，新加坡金融监管局可能会施加以下条件（但不限于以下条件）：

（a）限制申请人处置或进一步收购持牌征信局的股份或投票权；或

（b）限制申请人在持牌征信局行使表决权。

新加坡金融监管局可以随时增加、更改或撤销依据本款施加的任何条件。

（7）不论《公司法》(Cap. 50)或持牌征信局章程有何规定，依据第(6)款施加的条件均具有效力。

（8）若新加坡金融监管局拒绝某人依据第(1)、第(2)、第(3)或第(4)款提出的申请,该人士必须在监管局指明的期限内（在接到拒绝后尽快）采

取以下必要步骤：

（a）在第(1)或(2)款的情况下，视实际情况终止担任持牌征信局的：

（ⅰ）大股东；

（ⅱ）12%控制人；

（ⅲ）20%控制人；或

（ⅳ）间接控制人。

（b）在第(3)或(4)款的情况下，终止担任本协议或安排的当事人。

41. 对持牌征信局的当前控制权的反对

（1）如有以下情形，新加坡金融监管局可以向第40(1)、(2)、(3)或(4)条提及的人士送达反对意见书：

（a）该人士没有遵守监管局依据第40(6)条对其施加的批准条件；

（b）允许该人士继续保持以下身份已不再符合公众利益：

（ⅰ）第40(3)或(4)条所述协议或安排中的当事人；

（ⅱ）持牌征信局的大股东；

（ⅲ）持牌征信局的12%控制人；

（ⅳ）持牌征信局的20%控制人；或

（ⅴ）持牌征信局的间接控制人。

（c）该人士在提出第40(1)、(2)、(3)或(4)条下的申请时,提供了虚假或具有误导性的信息或文件；

（d）该人士已不再是《适当性准则指引》下的适当人选；

（e）考虑到该人士可能产生的影响，持牌征信局不再可能谨慎经营其业务或遵守本法的规定；或

（f）若（在收到申请时即）知悉该人士依据第40(1)、(2)、(3)或(4)条所提申请涉及的情况,则第40(5)条指明的条件不会被满足。

（2）在依据第(1)款送达反对通知书前，除非新加坡金融监管局认为该反对通知书不切实际或不再希望送达，否则必须给予该人士：

（a）监管局拟送达反对通知书的计划通知书；和

（b）指明该人士可就拟送达的反对通知书提出书面申述的日期。

（3）新加坡金融监管局必须对在第(2)(b)款所述日期之前收到的任何书面申述进行审查，以决定是否发出反对通知书。

（4）新加坡金融监管局必须在反对通知书中指明合理期限，要求已接收送达反对通知书的人必须：

（a）采取必要步骤，确保本人不再是第40（3）条或第40（4）条下的协议或安排的当事人；

（b）不再是持牌征信局的

（ⅰ）大股东；

（ⅱ）12%控制人；

（ⅲ）20%控制人；或

（ⅳ）间接控制人。

（c）遵守新加坡金融监管局依据第42条作出的指示；

该人士必须遵守该反对意见书。

42. 指示权

（1）若某人违反第40（1）、（2）、（3）、（4）或（8）条的规定或未能遵守新加坡金融监管局依据第40（6）条对其施加的条件，或者监管局曾依据第41条向其送达了反对意见书，则新加坡金融监管局可以：

（a）在其认为适当的时间或条件下，指示当事人或其同盟人士转让或处置其所持有的持牌征信局的全部或部分股份（本条称为“指定股份”）；

（b）限制转让或处置指定股份；或

（c）作出其认为适当的其他指示。

（2）若（新加坡金融监管局）依据第（1）（a）款作出了指示，或依据第（1）（b）款作出了限制，则在（股份）转让或处置依据相关指示生效之前，或对该转让或处置的限制取消之前：

（a）除非监管局明确准许，指定股份的表决权无法行使；

（b）除非监管局明确准许，持牌征信局不得发行或发售指定股份（不论是其股权、红利或其他内容）；

（c）除非监管局明确授权，除持牌征信局破产清算外，持牌征信局不得就指明股份支付任何金额（不论是以股息还是以其他方式）。

（3）不论《公司法》（Cap. 50）或持牌征信局章程有何规定，第（2）款均具有效力。

43. 新加坡金融监管局获取信息的权力

（1）新加坡金融监管局可以通过书面通知，指示持牌征信局向其股东索取监管局为以下目的而要求的信息，并将其提供给新加坡金融监管局：

（a）为确定或调查持牌征信局的股份或其投票权的控制情况；或

（b）行使第40条、第41条、第42条、第44条或第45条下的权力或职能。

（2）在不影响第(1)款的通用性的前提下，可在第(1)款中的通知下要求持牌征信局取得并提供以下信息：

（a）其股东是否以受益人或受托人的身份持有其股份；

（b）若有股东以受托人的身份享有其股份下的权益，则该股东应尽其所能指明：

（ⅰ）该股东作为享有股份权益的受托人从何者处取得受托（以姓名或足以证明该主体身份的其他信息）；以及

（ⅱ）该受托人权益的性质。

（3）新加坡金融监管局可以以书面形式，通知持牌征信局的股东X或在监管局依据第(1)款或本款提供的信息下显示为享有持牌征信局股份权益的其他人士Y，提供与X或Y有关的信息。监管局要求这些信息的目的是：

（a）确定或调查持牌征信局的股份或投票权的控制情况；或

（b）行使第40条、第41条、第42条、第44条或第45条下的权力或职能。

（4）在不影响第(3)款的通用性的情况下，可以在第(3)款中的通知下要求X或Y提供以下信息：

（a）X或Y是否以受益人或受托人的身份持有该权益；

（b）若X或Y是以受托人的身份享有其股份下的权益，则X或Y需要尽可能说明：

（ⅰ）X或Y作为享有股份权益的受托人从何主体获得受托（该主体的姓名或其他足以辨识该主体身份的信息）；和

（ⅱ）该主体的权益的性质。

（c）股份的份额或投票权是否为第39(3)(c)(vi)条或第40(3)或第40(4)条下的协议或安排的标的，若是，则须说明该协议或安排及其各方当事人的详情。

44. 豁免权

（1）新加坡金融监管局可以通过政府公报上刊登的命令，在遵守命令中指明的各种条件后，依据第40条豁免：

（a）任何人或团体；或

（b）任何依据股份或股份权益类别划分的团体或其他主体。

（2）在不影响第(1)款的通用性的前提下，上述条件可包括：

（a）限制当事人或当事人团体在持牌征信局处置或进一步取得股份或投票权；或

（b）限制个人或个人所在团体在持牌征信局行使投票权。

新加坡金融监管局可随时增加、更改或撤销依据本条所施加的任何条件。

45. 罪行、刑罚及抗辩

（1）任何人违反第40(1)(a)、第40(1)(b)、第40(2)(a)、第40(2)(b)、第40(3)、第40(4)、第40(8)(a)(i)、第40(8)(a)(ⅱ)或第40(b)条,即构成犯罪,须为此承担以下法律责任：

（a）如为个人，则处以不超过125,000新加坡元的罚款；如继续犯此罪，则对定罪后继续犯罪的行为处以每日（不超过一日的按一日计算）不超过12,500新加坡元的罚款；或

（b）其他情况下，处以不超过250,000新加坡元的罚款；如继续犯此罪，则对定罪后继续犯罪的行为处以每日（不超过一日的按一日计算）不超过25,000新加坡元的罚款。

（2）以下情形，当事人构成犯罪：

（a）违反第40(1)(c)、第40(1)(d)、第40(2)(c)、第40(2)(d)、第(40)(8)(a)(ⅲ)、第(40)(8)(a)(iv)或第42(2)条。

（b）未能遵守：

（ⅰ）依据第41(4)、42(1)或43条作出的通知；或

（ⅱ）依据第40(6)条规定的条件；或

（c）在声称遵守第43条下的通知时，故意在某一重要事项上提供虚假或具有误导性的信息或文件。

（3）任何依据第（2）款被认定构成犯罪的人，须为此承担以下责任：

（a）如为个人，则处以不超过125,000新加坡元的罚款或不超过3年的

监禁，或二者并罚；如继续犯此罪，则对定罪后继续犯罪的行为处以每日（不超过一日的按一日计算）不超过12,500新加坡元的罚款；或

（b）其他情况下，处以不超过250,000新加坡元的罚款；如继续犯此罪，则对定罪后继续犯罪的行为处以每日（不超过一日的按一日计算）不超过25,000新加坡元的罚款。

（4）如某人因违反第40(1)、(2)、(3)、(4)或(8)条而被控犯罪，则该人士须证明：

（a）其并不知悉自己违反了第40(1)、(2)、(3)、(4)或(8)条；并且

（b）在知悉自己违反规定后的14日内，该人士：

（i）将其违反规定的情况通知监管局；并且

（ii）在新加坡金融监管局规定的时间内，按照监管局的指示，对其在持牌征信局的股份或投票权采取行动。

（5）如某人因违反第40(1)条而被控犯罪，即使该人士已知悉该违反，若该人士能够证明以下事项，亦能构成抗辩事由：

（a）该违规行为的发生是因为该人士的同盟的股份如第39(3)(c)(i)条所述而增加，或者该人士的同盟所控制的投票权如第39(3)(a)条所述而增加；

（b）该人士与其同盟之间没有达成口头的、书面的或其他明示或暗示的协议或安排，要求其在收购、持有或处置股份及其他利益时，或者在行使其在持牌征信局中的投票权时，应该共同行动；并且

（c）在违反规定之日起的14天内，该人士：

（i）将其违规情况通知监管局；并且

（ii）在新加坡金融监管局规定的时间内，按照监管局的指示，对其在持牌征信局的股份或投票权采取行动。

（6）除第(4)、(5)款规定的情况外，违反第40(1)、(2)、(3)、(4)或(8)条而被控犯罪的人证明其并非故意违反该条的规定，不能构成抗辩理由。

46. 对持牌征信局首席执行官和经理任命的批准和撤销

（1）除第(3)款规定的情况外，持牌征信局不得委任任何人担任其首席执行官或经理，除非该人士已向监管局提出申请，并获得了监管局批准。

（2）新加坡金融监管局可以在不影响其他相关因素的情况下：

（a）通过考虑其在书面通知中向持牌征信局指明的标准，决定是否授予第（b）项下的批准；并

（b）批准或拒绝该申请。

（3）若持牌征信局已获得监管局在第(2)(b)款下的批准，并任命了其首席执行官或经理，则任期届满时，被任命者可以在没有监管局批准的情况下被继续任命为该征信局的首席执行官或经理。

（4）在符合第(5)款规定的情况下，新加坡金融监管局不得在未给予持牌征信局听证机会的情况下，拒绝第(1)款下的任命申请。

（5）如有以下情形，新加坡金融监管局可以在未给予持牌征信局听证机会的情况下，拒绝第(1)款下的任命申请：

（a）被申请任命的人士在本法案生效前、生效日或生效后，在新加坡或其他地方被判犯有以下过错：

（ⅰ）构成欺诈或不诚信的罪行；

（ⅱ）从事了欺诈、不诚信行为；或

（ⅲ）具有《罪犯登记法》（Cap. 268）附表三所指明的情形。

（b）该人士在新加坡或其他地方是未获解除破产状态的破产人；

（c）该人士尚未偿还判决其在法院判决下的全部或部分债务；

（d）该人士在新加坡或其他地方与其债权人在现存和解书或偿债计划书仍生效的情况下，订立了其他和解书或偿债计划书；

（e）依据《财务顾问法》（Cap. 110）第 59 条、《保险法》（Cap. 142）第 35V 条或《证券及期货法》（Cap. 289 章）第 101A 条对该人士发出的禁止令仍然有效；

（f）该人士曾在新加坡或其他地方担任过金融机构经理，或直接参与过金融机构的管理，该金融机构：

（ⅰ）正在或已被法院清算；或

（ⅱ）其被授予的批准、授权、指定、认可、注册或牌照已被新加坡金融监管局吊销、撤销或废除；如属新加坡以外的国家或地区的金融机构，则由该国家或地区的政府管理机构吊销、撤销或废除。

（6）新加坡金融监管局在拒绝第(2)(b)款下的申请时，无须给予该申请任命人士以听证机会。

（7）不论其他成文法有何规定，若首席执行官或经理不是适合该职位的适当人选，新加坡金融监管局可以通过书面通知，要求持牌征信局在通知指明的期间内解任：

（a）其雇佣的首席执行官；或

（b）经理。

（8）在不影响其他相关因素的情况下，新加坡金融监管局在决定是否要依据第(7)款规定要求持牌征信局解除其首席执行官或经理的职务时，可以考虑该首席执行官或经理是否：

（a）故意违反或故意使得持牌征信局违反本法规定；

（b）无合理理由而未能确保持牌征信局能够遵守本法、《新加坡金融监管局法》（Cap. 186）或该法附表所列其他成文法律；

（c）未履行其职务或雇佣范围内的其他职责；或

（d）需要为公众利益而予以解任。

（9）在依据第(7)款要求持牌征信局免职其首席执行官或经理之前，监管局必须给予持牌征信局及有关人士听证机会。

（10）在不影响依据第(7)款施加条件的权力的情况下，新加坡金融监管局可能会通过书面通知，随时向持牌征信局施加条件或修改现有条件，要求其将其首席执行官或经理的情况变化（如住所与任命状态）随时报告监管局。

（11）持牌征信局没有合理理由而具有以下情形的，构成犯罪，并须为此承担不超过100,000新加坡元的罚款。

（a）违反第(1)款；

（b）未能遵守第(7)款下的指示；或

（c）违反依据第(10)款施加的条件。

（12）在本条中，除非上下文另有规定，“监管的金融机构”是指从事受新加坡金融监管或授权的业务，或若在新加坡进从事其业务，会受到监管局监管或授权的主体；

其他国家或地区的“政府管理机构”，是指其他国家或地区行使与新加坡金融监管局在本法、《新加坡金融监管局法》（Cap. 186）或该法附表所列其他成文法律下的相同职能的机构。

47. 上诉

（1）任何人若对新加坡金融监管局依据第40条、第41条或第42条作出的决定不服，可在收到监管局决定后的30日内，向部长提起书面上诉。

（2）持牌征信局若对新加坡金融监管局依据第46(2)(b)条作出的决定不服，可在收到监管局决定后的30天内，向部长提起书面上诉。

（3）持牌征信局及其首席执行官或经理，若对新加坡金融监管局依据第46(7)条作出的指示不服，可在收到指示后的30天内，向部长提起书面上诉。

第八部分 检查和调查

48. 新加坡金融监管局的检查

（1）新加坡金融监管局可在保密的前提下，随时查阅持牌征信局的账簿。

（2）为本条中新加坡金融监管局进行审查的目的：

（a）持有账簿的持牌征信局，必须向监管局出示该账簿，并为监管局提供其可能要求的信息或安排；

（b）持牌征信局必须敦促管理账簿的人员向监管局出示账簿，并为监管局提供其可能要求的信息或安排；并且

（c）监管局可以：

（ⅰ）复制或管理该账簿；

（ⅱ）为本法项下的诉讼目的而使用或允许他人使用该账簿；和

（ⅲ）在不违反第（4）款的情况下，在有以下需求时，保留该等账簿的管有权：

- 为行使本条授予的权力；
- 就是否应依据本法就该账簿提起诉讼作出决定；或
- 开始和进行上述程序。

（3）任何人无权主张账簿留置权来对抗新加坡金融监管局，但该留置权在其他情形下不会被区别对待。

（4）新加坡金融监管局在拥有某账簿时：

（a）必须允许他人在合理时间查阅该账簿，当监管局不拥有该账簿的情况下另外的人会被授权查阅该账簿；并且

（b）应准许他人查阅其中任何一本账簿。

（5）新加坡金融监管局可要求账簿提供人，尽其所能，向监管局解释该账簿的汇编情况或与其相关的其他事项。

（6）任何人在没有合理理由而未能遵守第(2)(a)或(b)款或新加坡金融监管局依据第(5)款作出的规定，即构成犯罪，须为此承担以下责任：

（a）如为个人，则处以不超过50,000新加坡元的罚款或不超过2年的监禁，或二者并罚；如继续犯此罪，则对定罪后继续犯罪的行为处以每日（不超过一日的按一日计算）不超过5,000新加坡元的罚款；或

（b）其他情况下，处以不超过100,000新加坡元的罚款；如继续犯此罪，则对定罪后继续犯罪的行为处以每日（不超过一日的按一日计算）不超过10,000新加坡元的罚款。

49. 新加坡金融监管局的调查

（1）新加坡金融监管局可以出于下列目的进行其认为必要或有利的调查：

（a）决定：

（ⅰ）持牌征信局是否正以可能损害其获批成员或其客户利益的方式经营业务；

（ⅱ）持牌征信局是否正以适当方式从事其征信业务；或

（ⅲ）持牌征信局的获批成员是否正以获批成员身份以适当方式进行其活动。

（b）调查某指称或涉嫌的犯罪或违反本法规定的行为；

（c）确保本法或监管局依据本法发出的书面通知下的合规。

（2）就第(1)款而言，监管局可以：

（a）以书面通知要求任何人提供与调查中任何事项有关的信息或提供相关账簿，该人士必须立即履行该要求；

（b）复制或管有上述账簿；

（c）为保证本法下的程序目的，使用或允许他人使用上述账簿；并且

（d）依据第(4)款，在以下目的的必要时间内保留上述账簿：

（ⅰ）为行使本条赋予的权力；

（ⅱ）就是否应依据本法就该账簿提起诉讼作出决定；或

（ⅲ）提起并进行诉讼。

（3）任何人无权主张账簿留置权来对抗新加坡金融监管局，但该留置权在其他情形下不会被区别对待。

（4）当新加坡金融监管局在拥有某账簿时：

（a）必须允许他人在合理时间查阅该账簿，只要该人在监管局不管有该账簿的情况下则有权查阅该账簿；并且

（b）应准许他人查阅其中任何一本账簿。

（5）新加坡金融监管局可要求提供账簿的人，尽其所能向监管局解释有关该账簿的编制及与其相关事宜。

（6）新加坡金融监管局可以因本条下的调查目的而行使其任何权力，不论其他成文法（或依据成文法所施加的要求）或法律规则有何规定。

（7）新加坡金融监管局在行使本条规定下的权力时施加的条件是有效的，即使其他成文法（或依据成文法所施加的要求）、合同约定或职业规则中规定了信息披露中的保密义务或其他义务。

（8）任何人履行新加坡金融监管局行使本条下的权力所施加的条件，不得被视为违反其他成文法（或依据成文法所施加的要求）、合同约定或职业规则中规定的信息披露中的保密义务或其他义务。

（9）不得因以下原因对任何人提起民事或刑事诉讼：

（a）当事人依据监管局在本条下所施加的条件，善意地向监管局提供信息或相关账簿；或

（b）当事人出于善意，为履行监管局在本条下施加的条件，而作出或不作出某项行为。

（10）任何人没有合理理由而不遵守第（2）（a）款或监管局在第（5）款的要求，即构成犯罪，须为此承担以下责任：

（a）如为个人，则处以不超过50,000新加坡元的罚款或不超过2年的监禁，或二者并罚；如继续犯此罪，则对定罪后继续犯罪的行为处以每日（不超过一日的按一日计算）不超过5,000新加坡元的罚款；或

（b）其他情况下，处以不超过100,000新加坡元的罚款；如继续犯此

罪，则对定罪后继续犯罪的行为处以每日（不超过一日的按一日计算）不超过10,000新加坡元的罚款。

（11）在本条中，“成文法”是指本法或以下成文法以及依据本法及以下成文法制定的附属立法：

（a）《银行法》（Cap. 19）；

（b）《存款保险及保单拥有人保障计划条例》（Cap. 77B）；

（c）《财务公司法》（Cap. 108）；

（d）《财务顾问法》（Cap. 110）；

（e）《保险法》（Cap. 142）；

（f）《新加坡金融监管局法》（Cap. 186）；

（g）《货币兑换及汇款业务法》（Cap. 187）；

（h）《支付系统（监督）法》（Cap. 222A）；

（i）《证券及期货条例》（Cap. 289）；

（j）《信托公司法》（Cap. 336）；

（k）监管局可规定的其他成文法律。

50. 检查和调查报告的机密性

（1）除第(2)款规定的情形外，凡监管局：

（a）依据以下内容制作书面报告：

（ⅰ）监管局依据第48条对持牌征信局进行的检查；或

（ⅱ）监管局依据第49条进行的调查；并

（b）向被调查的持牌征信局或人士提供该报告。

该持牌征信局或人士，或该机构或人士的工作人员或审计师，不得向其他人披露该报告。

（2）第(1)款所述的报告可以由以下主体披露：

（a）由上述持牌征信局或主体披露给其工作人员或审计师，用于其工作人员或审计师履行职责；

（b）由征信局的工作人员或审计师，或由征信局的工作人员或审计师的相关人员，或由只是和征信局职责相关的特定人，或

（c）授予新加坡金融监管局可书面批准的其他人。

（3）在依据第(2)(c)款的任何信息披露给予书面批准时，监管局可以对

相应的征信局或人员，或其工作人员及审计师，以及获批准接受信息披露的人，施加其认为适当的条件或者限制，并且该征信局或人员，或其工作人员及审计师，以及获批准接受信息披露的人必须符合该条件或限制。

（4）第(1)款和第(3)款所提及的工作人员或审计师所负的义务，在其终止或中止在相应征信局或人员处的雇佣或任命后，仍须继续履行。

（5）任何人违反第(1)或(3)款，即构成犯罪，须为此承担以下责任：

（a）如为个人，则处以不超过50,000新加坡元的罚款或不超过2年的监禁，或二者并罚；或

（b）其他情况下，处以不超过100,000新加坡元的罚款。

（6）若报告披露的对象在报告向其披露时，知道或有充足理由相信该报告是在违反第(1)款规定的情况下向自己披露的，那么除非有以下情形，否则该人员构成犯罪：

（a）该披露违反该人员的意愿；

（b）若该披露以书面形式作出，则该人员在收到该报告后，已尽快向监管局交还了该报告及其所有副本，或采取了一切合理措施向监管局交还该报告及其副本；并且

（c）若该披露以电子形式作出，则该人员在收到该报告后，已尽快采取了一切合理措施确保该电子报告已被删除，并且所有其他形式的副本已向监管局交还。

（7）构成第(6)款中罪行的人员，须为此承担以下责任：

（a）如为个人，则处以不超过50,000新加坡元的罚款或不超过2年的监禁，或二者并罚；

（b）其他情况下，则处以不超过100,000新加坡元的罚款。

51. 自证其罪

（1）任何人不得依据本部分中关于信息披露会引致其犯罪的规定，拒绝向监管局披露相关信息。

（2）如果任何人在做出陈述前声明，依据规定其披露的信息可能引致其犯罪，则该声明在刑事诉讼程序中不可作为针对其犯罪的证据，但第64(1)或(2)条中规定罪行的诉讼除外。

52. 辩护律师及事务律师的保留条款

（1）本部分不会：

（a）强制辩护律师和事务律师披露或出示其更具优先级的保密通信（privileged communication），或载有由其以本人身份发送或收到的该类通信中的文件或其他材料。

（b）授权（他人）获取属于该辩护律师或事务律师的上述文件或者其他资料。

（2）拒绝披露或出示第(1)条中提及的文件或其他材料的辩护律师和事务律师，必须提供（如果其知道的话）该保密通信的对象，或发送人，或代表相关人员进行保密通信的人的姓名和地址。

（3）任何辩护律师和事务律师，一旦违反了第(2)款规定，即构成犯罪。

第九部分　监管局对持牌征信局的接管

53. 本部分的释义

在本部分中，除非上下文另有规定，

“业务”包括事务和财产；

持牌征信局的“办公人员”（office - holder），是指持牌征信局的清算人、临时清算人、接收人和管理人、司法管理人或其他具有同等地位的人。

持牌征信局的“相关业务”，是指满足以下条件的业务：

（a）已经依据第 54(2)(b)条委任了法定顾问；

（b）已经依据第 54(2)(b)条委任了法定经理；

（c）已经依据第 54(2)(c)条由新加坡金融监管局接管；

“法定顾问”，指依据第 54(2)(b)条委任的法定顾问；

“法定经理”，指依据第 54(2)(c)条委任的法定经理。

54. 新加坡金融监管局在持牌征信局无法履行义务时采取的行动

（1）如有以下情形，监管局如认为有必要，可行使第(2)款中规定的一项或多项权力：

（a）持牌征信局通知监管局自己已经破产、可能破产、已经或可能无法履行债务，或者已经或即将暂停支付；

（b）持牌征信局已经破产，无法履行债务或暂停支付。

（c）监管局认为持牌征信局：

（ⅰ）当前经营方式可能会对持牌征信局持有的数据的保密性、安全性或完整性有害；

（ⅱ）已经或可能破产，已经或可能无力履行债务，已经或即将暂停支付；

（ⅲ）已经违反本法有关规定；

（ⅳ）未能遵守其牌照颁发所附加的条件；

（d）监管局认为这样做符合公众利益。

（2）在符合第(1)款规定的情形下，监管局可以：

（a）要求持牌征信局立即采取行动，开展或停止监管局认为与其业务有关的必要行为；

（b）依据相关条款，委任一名或一名以上人士作为法定顾问，以监管局认为的正确管理业务的方法，向持牌征信局给出建议；

（c）控制和管理该持牌征信局的业务，或委任一名或一名以上人士担任法定经理按照其规定控制和管理该持牌征信局的业务。

（3）如果监管局委任了二名或二名以上人士作为持牌征信局的法定经理，则监管局必须在任命条款中明确该法定经理：

（a）可以共同或各自履行或行使的职责、职能和权力；

（b）必须共同履行或行使的职责、职能和权力；

（c）其中特定一人方能履行或行使的职责、职能和权力。

（4）如监管局行使了第(2)款规定的权力，则它可以在任何时候，且在不影响其在第11(2)或(3)条下的权力的情况下，从事以下事项：

（a）更改或撤销监管局依据第(2)款行使其指明的权力而作出的任何规定或采取的任何行动；

（b）行使第(2)款规定的任何权力；

（c）增加、更改或撤销监管当局依据本部分所制定的任何条款。

（5）法定经理或法定顾问在履行了合理关注以及诚信义务（with reasonable care and in good faith）时，不承担以下过程中或与以下有关的，因任何已实施或遗漏行为（包括所做的任何陈述）所引起的责任：

（a）行使或据称行使本法案的任何权力；

（b）执行或者声称执行本法案的任何职能或义务；

（c）遵守或声称遵守本法案。

55. 接管权的取得（assumption of control）

（1）依据第54(2)(c)条，在接管持牌征信局业务后，监管局和法定经理，必须监护或控制相关业务。

（2）在监管局或法定经理接管持牌征信局的相关业务期间，监管局或法定经理：

（a）必须以持牌征信局的名义及代表持牌征信局管理相关业务；

（b）被视为持牌征信局的代理人。

（3）在管理持牌征信局的相关业务时，监管局或法定经理：

（a）必须确保持牌征信局的经营不会损害该征信局所持任何数据的保密性、安全性和完整性；以及

（b）（集体或者单独地）享有本法、《公司法》和持牌征信局章程中规定的持牌征信局董事会成员的所有职责、权力和职能，包括与相关业务有关的委任权。

（4）尽管有第(3)款的规定，但并不要求监管局或法定经理召开《公司法》或持牌征信局章程规定的任何会议。

（5）不论其他成文法或法律原则有何规定：

（a）一旦监管局和法定经理依据第54(2)(c)条对持牌征信局实现了接管，任何于接管前立即生效的对持牌征信局首席执行官以及董事的任命都将被视作撤销，除非监管局书面通知受委任人员和持牌征信局，准许该个人保留其任命。

（b）在监管局或法定经理接管持牌征信局相关业务期间，个人不得被任命为首席执行官或董事，除非经过监管局批准。

（6）如监管局依据第(5)条批准个人留任持牌征信局的首席执行官或者董事，或者任命个人为首席执行官或董事，监管局可在任何时间，通过书面通知撤销该同意或任命，该撤销自通知中规定的日期生效。

（7）不论其他成文法或法律原则有何规定，在监管局或法定经理依据第52(2)(c)条接管持牌征信局相关业务期间，如果任何个人被监管局依据第

(5)或(6)款撤销了持牌征信局首席执行官或董事的任命，却仍以持牌征信局首席执行官或董事的名义行事或意图以该名义行事，则：

(a) 该人的行为或声称的行为无效且无影响；

(b) 该人构成犯罪。

(8) 不论其他成文法或法律原则有何规定，在监管局或法定经理依据第52(2)(c)条接管了持牌征信局相关业务期间，如果在违反第(5)条的情况下被任命为首席执行官或董事的个人，以持牌征信局首席执行官或董事的名义行事或意图以该名义行事，则：

(a) 该人的行为或其声称的行为无效；

(b) 该人构成犯罪。

(9) 在监管局或法定经理接管持牌征信局相关业务期间：

(a) 如以下二者存在冲突或不一致：

(ⅰ) 监管局或法定经理作出的指示或决定［包括第(ⅱ)条中提及的个人和机构作出的指示和决定］；和

(ⅱ) 持牌征信局的首席执行官、董事、成员、执行人员、雇员、代理人、管理人员、董事会或受托人作出的指示和决定；

则在该冲突或不一致的情况下，第(ⅰ)条中的指示或决定优于第(ⅱ)条中的指示或决定。

(b) 任何人不得行使附属于持牌征信局股份的投票权或其他权利，用于破坏或干预监管局或法定经理职责、权利或职能，任何此类行为或意图行为无效。

(10) 构成第(7)或(8)款下罪行的个人，须被处以不超过125,000新加坡元的罚款或不超过3年的监禁，或二者并罚；如继续犯此罪，则对定罪后继续犯罪的行为处以每日（不超过一日的按一日计算）不超过12,500新加坡元的罚款。

56. 有关接管的其他条款

(1) 当监管局认为接管持牌征信局的理由已经不复存在时，监管局必须停止接管持牌征信局的相关业务。

(2) 自法定经理人被委任之日起，该法定经理被视为已经接管持牌征信局。

（3）在不影响第54(4)(a)条一般性原则的前提下，监管局可随时撤销对法定经理接管持牌征信局相关业务的委任：

（a）如果监管局认为该委任的理由已不复存在；

（b）持牌征信局所持有的任何数据的机密性，安全性或完整性受到损害；

（c）任何其他理由。

（4）当依据第(3)款或第54(4)(a)条，法定经理被撤销委任时，该法定经理必须停止控制相关业务。

（5）监管局必须在政府公报公布下列事项的日期以及其认为必要的其他信息：

（a）其对持牌征信局相关业务的接管；

（b）撤销接管持牌征信局相关业务；

（c）对持牌征信局相关业务法定经理的委任；

（d）对持牌征信局相关业务法定经理委任的撤销。

57. 持牌征信局董事、管理人员等的责任

（1）在监管局或法定经理接管持牌征信局相关业务期间：

（a）高等法院可应监管局或法定经理的申请，指示持牌征信局的任何前任或现任相关人员在高等法院指定期限内，向监管局或法定经理交纳、交付、传达、递交或转移所有符合以下条件的持牌征信局的财产或者账簿：

（ⅰ）构成持牌征信局业务的一部分或与该业务有关；

（ⅱ）由该人员管有或控制；

（b）如有以下情况，持牌征信局的任何前任或现任相关人员必须在监管局或法定经理指定的时间，以其指定的方式，向监管局或法定经理提供与持牌征信局有关的信息：

（ⅰ）监管局或法定经理要求解除该人员的职责或职能；

（ⅱ）监管局或法定经理要求行使其权力。

（2）任何人有以下情形，即构成犯罪，须被处以不超过125,000新加坡元的罚款或不超过3年的监禁，或二者并罚；如继续犯此罪，则对定罪后继续犯罪的行为处以每日（不超过一日的按一日计算）不超过12,500新加坡元的罚款：

（a）无合理理由，未能遵从第(1)(b)款；

（b）在声称遵守第(1)(b)款规定的情况下，故意或者罔顾后果地在特定材料中提供任何虚假或误导性的信息或文件。

（3）在本条中，“有关人士”，对于持牌征信局而言，是指其首席执行官、董事、执行人员、雇员、代理人、银行家、审计师、股东或其受托人。

58. 在特定情形中监管局及其他人的酬金和费用

监管局可随时确定应由持牌征信局支付给以下对象的报酬和费用：

（a）法定顾问或法定经理，无论其委任是否被撤销；

（b）依据第52(2)(c)条接管持牌征信局相关业务期间的监管局和其依据第5条委任的与其接管相关业务有关的人员，无论监管局是否停止接管该业务。

59. 需要获得监管局批准的事项

（1）持牌征信局必须书面申请且得到监管局的批准，才能：

（a）开展信用报告以外的任何业务；

（b）对以下事项作出改变：

（ⅰ）持牌征信局的名称；

（ⅱ）持牌征信局的章程；

（ⅲ）持牌征信局的股权结构；

（ⅳ）持牌征信局与其获批成员之间的互惠安排或其他同等规则；

（ⅴ）信用报告的版式和待处理数据的规格；

（ⅵ）持牌征信局收集、使用和披露的数据的范围、定义、分类和保存期限；

（ⅶ）持牌征信局使用的信用评分方法、信用评分模型、验证方法、信用评分的分析和报告；

（ⅷ）持牌征信局的任何其他产品或服务；

（ⅸ）任何可能实质性地或潜在地影响持牌征信局所持数据的机密性、安全性或完整性的事项；或

（c）对持牌征信局成员资格条款或规则的增补、删除或修订。

（2）监管局可以：

（a）附条件或无条件授予其批准；

（b）随时改变或撤销第(a)项中的批准,或对第(a)项中的批准施加条件或附加条款。

（3）任何人违反了第(1)款或监管局依据第(2)条施加的条件，即构成犯罪，须为此承担责任，承担不超过100,000新加坡元的罚款；如继续犯此罪，则对定罪后继续犯罪的行为处以每日（不超过一日的按一日计算）不超过10,000新加坡元的罚款。

第十部分　罪行（offences）

60. 公司犯罪

（1）在本法案所述犯罪的诉讼程序中，须证明特定行为中该公司的主观状态（the state of mind），则以下证据可作为公司具有相应行为主观状态的证据：

（a）该公司的管理人员、雇员或代理人在其实际的或外在的职权范围内从事了该行为；

（b）该管理人员、雇员或代理人具有从事相应行为的主观状态。

（2）如果公司依据本法构成犯罪，则任何人：

（a）若具有以下身份：

（ⅰ）公司管理人员或由员工管理的公司中的员工；或

（ⅱ）参与公司管理且处于能够影响公司从事相应犯罪行为的职位的人员；并且

（b）具有以下情形：

（ⅰ）同意、默许或与他人串通从事相应犯罪行为；

（ⅱ）以其他作为或不作为的方式，在明知的情况下涉入或参与公司犯罪；或

（ⅲ）明知或应当知道公司正在或者即将从事犯罪行为，却未能采取一切合理措施防止或阻止该犯罪发生；

[如果尚未构成第62(1)条下的犯罪]，则该人员将构成与公司相同的罪行，应承担责任，并接受相应的处罚。

（3）如果公司也被指控与个人有同样的罪行，则第(2)款中所述的个人

可拥有该公司所具有的抗辩理由，并且该人员须承担与公司相同的举证责任。

(4) 为避免疑问，本条不影响以下法律的适用：

(a)《刑法典》(Cap. 224) 第V章及第VA章；

(b)《证据法》(Cap. 97) 或有关证据可采性的其他法律或惯例。

(5) 为避免疑问，第(1)款亦不影响公司因本法承担的法律责任，以及公司是否犯罪。

(6) 在本条中：

“公司”包括《有限责任合伙法》(Cap. 163A) 第2(1)条规定的有限责任合伙；

公司的“管理人员”是指公司的董事、合伙人、首席执行官、经理、秘书或其他类似公司职员，且包括：

(a) 任何以上述身份行事的人；和

(b) 公司事务由其成员管理的公司中相当于公司董事会成员的人。

个人的“主观状态”包括：

(a) 其认知、意图、意见、信念或目的；和

(b) 其意图、意见、信念或目的产生的原因。

61. 非法人团体或合伙企业的犯罪

(1) 如果在本法所述犯罪的诉讼程序中，有必要证明在特定行为中该非法人团体或合伙企业的主观状态，则以下证据可用于证明其主观状态：

(a) 该非法人团体或合伙企业的雇员或代理人在其实际的或外在的职权范围之内，参与了该行为；

(b) 该雇员或代理人具有相应的主观状态。

(2) 如果非法人团体或合伙企业依据本法构成犯罪，则任何人

(a) 若具有以下身份：

(i) 该非法人团体或合伙企业的管理人员或其管理机构的成员；

(ii) 该合伙企业的合伙人；或

(iii) 参与该非法人团体或合伙企业的管理且处于能够影响该非法人团体或合伙企业从事相应犯罪行为的职位的人员；并且

(b) 具有以下情形：

(i) 同意、默许或与他人串通从事相应犯罪行为；

（ⅱ）以其他作为或不作为的方式，在明知的情况下涉入或参与非法人团体或合伙企业的犯罪；或

（ⅲ）明知或应当知道非法人团体或合伙企业正在或者即将从事犯罪行为，却未能采取一切合理措施防止或阻止该犯罪发生；

[如果尚未构成第62(1)条下的犯罪]，则该人员将构成与非法人团体或合伙企业相同的罪行，应承担责任，并接受相应的处罚。

（3）如果非法人团体或合伙企业被指控与个人同样的罪行，则第(2)款中所述的个人可拥有该非法人团体或合伙企业所拥有的抗辩理由，并且，该人员须承担与非法人团体或合伙企业相同的举证责任。

（4）为避免疑问，本条不影响以下法律的适用：

（a）《刑法典》（Cap. 224）第V章及第VA章；

（b）《证据法》（Cap. 97）或有关证据可采性的其他法律或惯例。

（5）为避免疑问，第(1)款亦不影响非法人团体或合伙企业因本法承担的法律责任，以及非法人团体或合伙企业是否犯罪。

（6）在本条中，非法人团体的“管理人员”，是指其主席、秘书或该非法人团体委员会的成员，且包括：

（a）任何拥有类似主席、秘书或该非法人团体委员会成员职位的人；和

（b）任何以该身份行事的人；

“合伙人”包括以合伙人身份行事的人；

个人的“主观状态”包括：

（a）其认知、意图、意见、信念或目的；和

（b）其意图、意见、信念或目的产生的原因。

62. 管理人员的犯罪（offences by officers）

（1）持牌征信局的管理人员，如果其具有确保持牌征信局遵循本法规定的职责，则若其未能采取所有合理措施确保征信局遵循本法规定，即构成犯罪，须为此承担责任，对其处以不超过50,000新加坡元的罚款或不超过2年的监禁，或二者并罚。

（2）持牌征信局的管理人员，如果其具有向监管局或本法案规定的其他人提交信息的职责，则若其未能采取所有合理措施来确保提交信息的准确性和正确性［如果该行为尚未触犯第64(1)或(2)条罪行］，即构成犯罪，须为

此承担责任，对其处以不超过 50,000 新加坡元的罚款或不超过 2 年的监禁，或二者并罚。

（3）在依据第(1)或(2)款提起的针对管理人员的诉讼程序中，该管理人员若证明其有合理理由相信以下事项，则可构成其辩护理由：

（a）另一人被施加了以下责任：

（ⅰ）确保（持牌征信局）遵守此法案的要求；

（ⅱ）保证提交的信息准确无误；并且

（b）该人员［(a)中提及的人员］有资格并且有能力履行该职责。

（4）任何人员不得因第(1)或(2)条的任何罪行而被判监禁，除非法院认为其故意犯罪。

63. 管理人员等伪造记录

（1）持牌征信局的管理人员、审计人员、雇员或代理人若存在以下情形：

（a）故意作出或导致持牌征信局的任何报告、单据、文件或商业声明、事务、交易、条款或资产中出现错误记录（a false entry）；

（b）故意遗漏持牌征信局的任何报告、单据、文件或商业声明、事务、交易、条款或资产中的记录、或故意导致任何此类记录被遗漏；

（c）故意改变、摘录、隐藏或销毁任何报告、单据、文件或商业声明、事务、交易、条款或资产中的记录、或故意导致任何此类记录被改变、摘取、隐藏或销毁；

即构成犯罪，须为此承担责任，对其处以不超过 125,000 新加坡元的罚款或不超过 3 年的监禁，或二者并罚。

（2）第(1)款中的“管理人员”包括以管理人员名义行事的人。

64. 避免向监管局提供虚假信息的合理注意义务

（1）任何人在依据本法或为了本法目的向监管局提供信息时，必须采取合理措施，以确保相应材料中的信息不是虚假的或具有误导性的。

（2）任何人在以下情形中，必须采取合理措施，以确保相应材料中的信息不是虚假的或具有误导性的：

（a）签署提交给监管局的文件；或

（b）利用监管局分配给其的识别信息或识别代码、密码或其他身份验证方法或程序，以电子方式向监管局提交任何文件。

（3）任何违反第(1)或(2)款规定的个人，（如果提供虚假的或具有误导性的信息，或签署提交虚假的或具有误导性的信息的文件，且并未构成本法下的其他罪行)，即构成（本款下的）犯罪，须为此承担责任，对其处以不超过125,000新加坡元的罚款或不超过3年的监禁，或二者并罚。

65. 一般罚款

任何人犯有本法所述且没有明确规定处罚的罪行，应承担以下责任：

（a）如为个人，则处以不超过的50,000新加坡元的罚款；

（b）其他情况下，则处以不超过100,000新加坡元的罚款。

66. 犯罪的和解（Composition of offences）①

（1）监管局可酌情决定，通过从有理由怀疑犯罪的人那里收取一笔不超过该罪行所定最高罚款额一半的款项，对本法规定为任何可和解的罪行进行和解。

（2）监管局可酌情决定和解本法规定的任何罪行（包括已废除条款规定的罪行)，如果：

（a）在该罪行发生时，依据本法该犯罪可予以和解；但

（b）在款项收取后不再具有可和解性。

（3）在支付了第(1)或(2)款所述的款项后，不得就该罪行针对该人提起进一步的诉讼。

（4）监管局依据第(1)或(2)款收集的所有款项将被支付给共同基金(consolidated fund)。

第十一部分　申诉

67. 向部长上诉

（1）依据本法向部长提起申诉时，部长可以：

（a）确认、更改或推翻监管局的决定；以及

（b）针对该事项作出其他适当指示，部长决定具有最终效力。

---

① 新加坡特有犯罪和解制度（the compounding of an offence, also known as “a composition”）。

（2）当依据本法向部长提起申诉时，部长必须在收到申诉请求后28日内：

（a）成立由3名以上成员组成的申诉咨询委员会；并

（b）将申诉提交至申诉咨询委员会。

（3）申诉咨询委员会必须向部长提交一份基于上述第(2)款中的申诉的书面报告，同时可以提出适当的建议。

（4）部长在依据第(1)款作出决定时，必须考虑第(3)款下提交的报告，但可以不受报告中建议的约束。

68. 申诉咨询委员会

（1）为成立申诉咨询委员会，部长必须依据第67条委任一个包含金融服务业、公共部门和私营机构成员的小组（在本部分称为申诉咨询小组）。

（2）申诉咨询委员会成员的任期为2年，并可连任。

（3）申诉咨询委员会为履行其职能，有权调查与金融服务行业有关的任何事务，并可以为调查事项召集相关人士，要求其以宣誓或确认的方式提供证据，或出示调查所需的文件或材料。

（4）第(3)款不支持：

（a）强制辩护人和律师披露或出示其保密通信（privileged communication），或载有以其身份作出或收到的保密通信文件或其他有关资料；以及

（b）授权取得上述文件或其他有关材料。

（5）拒绝出示第(4)款所述文件或其他有关材料的辩护人和律师必须提供保密通信收件人或者发出人或名义发出人的姓名和地址（如若知情）。

（6）在本法下，申诉咨询委员会的成员：

（a）为实现“刑法典”（Cap. 224）下的目的而被视为公务员；并且

（b）当因履行本部分的职责而被起诉或进入其他法律程序时，具有与法律赋予其等同于法官的履行职责时的保护及特权。

（7）申诉咨询委员会必须考虑公共利益，以及对数据主体和信息来源的保护。

（8）在符合本部分条文的规定下，申诉咨询委员会可以对程序事项另行规定，不受证据规则的约束。

69. 信息的披露

本法案不要求部长或任何公务员［包括依据第68(6)(a)条被视为公务

员的申诉咨询委员会的成员］披露其认为披露行为与公共利益相悖的事实。

70. 为实现本部分目的的规章（regulation）

（1）部长可以在本部分要求或允许的情况下，或为便于执行及实施本部分事项，制定相应规章。

（2）在第(1)款规定的一般性的情况之外，部长可就以下事宜订立规章：

（a）申诉咨询委员会和申诉咨询小组成员的任命和程序；

（b）依据本法案向部长提起申诉的形式和方式；

（c）依据该法案须缴付给部长的申诉费用；

（d）申诉咨询委员会和申诉咨询小组成员的报酬；以及

（e）本部分要求或允许指定规章的事项，和为便于本部分条款的实施而制定规章的事项。

第十二部分　杂项

71. 地方法院的管辖权

不论刑事诉讼法（Cap. 68）中是否有相反规定，区域法院享有

（a）本法下之犯罪行为的司法管辖权；以及

（b）对本法下犯罪行为施以刑罚或行政处罚的权力。

72. 陈词的机会

本法案规定给予个人向监管局陈词的机会，监管局可以规定给予个人陈词机会的方式。

73. 法院作出某些命令的权力

（1）当监管局（就相关案件）向法院提出申请，法院认为某人可能：

（a）已构成本法下的犯罪；或

（b）准备实施本法下的犯罪行为。

法院可以依据第(2)款（在不损害其可能作出的其他命令的情况下）作出一项或多项命令。

（2）第(1)款所述的命令是指：

（a）限制持续性违反本法规定的主体

（i）依据第(6)节开展征信业务；以及

（ⅱ）依据第(9)节维持持牌征信局的地位；

（b）为确保遵守依据本节制定的命令，要求或限制某人从事特定事务；

（c）基于本条款作出的任何其他命令，法院认为可取的附属命令。

（3）法院在依据第(2)款作出命令前，可以直接将该申请以其认为合适的方式，通知给其认为合适的人，或者/并且予以公布。

（4）任何人若无正当理由而违反依据第(2)款作出的命令，即构成犯罪，一经定罪：

（a）如为个人，则处以不超过50,000新加坡元的罚款或不超过2年的监禁，或二者并罚；

（b）其他情况下，则处以不超过100,000新加坡元的罚款。

（5）除第(6)款另有规定外，第(4)款并不影响法院判罚藐视法庭的权力。

（6）若某人被判构成第(4)款下的罪行，则其违反依据第(2)款作出的命令的行为不会被视为藐视法庭。

（7）若某人因违反依据第(2)款作出的命令已被判藐视法庭，则其不得据此再被判定构成第(4)款下的犯罪行为。

（8）法院可撤销、更改或解除其依据本条作出的命令或暂停执行该命令。

74. 一般豁免

（1）监管局可按照规章豁免某人或某类人，使其不受本法案的全部或部分条款的约束，但必须符合所规定的相关条件。

（2）监管局可应某人的申请，使其豁免于：

（a）本法中所有或任意规定；或

（b）任何书面通知所作出的要求，

如果监管局认为在该案情况下这样做是恰当的。

（3）依据第(2)款获得的豁免：

（a）可以依据监管局在通知中规定的条件以书面形式进行通知；

（b）无须在政府公报上予以公布；并且

（c）可由监管局随时撤回。

（4）监管局可随时增加、更改或撤销任何依据本节施加的条件。

（5）任何人违反任何以下条件，即构成犯罪：

（a）依据第（1）款订明的条件；

（b）监管局依据第（3）（a）款制定的条件；或

（c）依据第（4）款增加或更改的条件。

75. 监管局以书面形式发出通知

（1）监管局可以出于公众或部分公众利益的需要，或为了保护数据主体，而以书面形式向下列对象发出一般性的或具体的通知：

（a）任一持牌征信局；

（b）任一类别的持牌征信局；

（c）持牌征信局的获批成员；或

（d）任一类别的持牌征信局的获批成员，要求其遵守通知中的具体规定。

（2）在不影响第（1）款的一般性要求的情况下，所做出的通知：

（a）可以涉及：

（ⅰ）由持牌征信局或其获批成员开展的与其业务或身份相关的活动；

（ⅱ）为审慎管理风险（包括信息技术风险），保护持牌征信局任何数据的机密性、安全性和完整性，而制定的标准、框架、政策和程序；

（ⅲ）持牌征信局的财务稳健、财务管理和持牌征信局的稳定性；

（ⅳ）持牌征信局的会员资格和互惠安排，及其内控和运行；

（ⅴ）持牌征信局在开展业务时应该遵循的标准；

（ⅵ）持牌征信局委任他方为独立承包商承担其职能和职责时需要遵守的要求和条件；

（ⅶ）提交给监管局的信息的类型、形式、方式和反馈期限；

（ⅷ）有关持牌征信局经营情况的报告的准备和出版；

（ⅸ）依据此法案委任的审计人员的报酬和费用；

（ⅹ）持牌征信局开展业务的方式，包括：

• 持牌征信局收集、使用或披露的数据的范围、定义、分类和保存；以及

• 持牌征信局使用的信用评分方法、信用评分模型、验证方法、分析报告；

（ⅺ）由监管局或代表监管局名义，依据通知定期或在特定情形下，收

集与持牌征信局信用报告业务有关的信息的行为。

（b）当某人正在违反、可能违反或已经违反本法规定时，可以要求当事人：

（ⅰ）遵守该条文或停止违反该条款；

（ⅱ）采取必要行动从而按照合理原则开展业务；并且

（ⅲ）如当事人是公司，要求其解雇其董事；

（c）可以出于本法规定的任何其他目的。

（3）没有必要以书面形式在官方报纸上发布任何依据第(1)条作出的通知。

（4）监管局可随时更改、废除或撤销任何依据第(1)条发出的通知。

（5）任何人如未能遵守依据第(1)条发出通知的具体要求即构成犯罪，须为此承担责任，承担不超过100,000新加坡元的罚款；如继续犯此罪，则对定罪后继续犯罪的行为处以每日（不超过一日的按一日计算）不超过10,000新加坡元的罚款。

76. 监管局的章程（codes）和指南（guidelines）

（1）监管局可通过作出通知，并依其自由裁量在官方报纸发布该通知，或以其认为合适的形式，如章程、指南、政策声明、实务说明和无异议函(no－action letters)，为以下内容提供指导：

（a）促进其监管目标实现；

（b）本法案下任何与其职能有关的事宜；或

（c）本法案下任何条文的实施。

（2）监管局可随时修订或撤销任何依据本条规定发布的全部或部分章程、指南、政策声明、实务说明和无异议函。

（3）凡依据第(2)款作出修订：

（a）则本节的其他条款在其适用原章程、指南、政策声明、实务说明和无异议函的基础上，进行必要调整，以适用于其修订后的内容；

（b）原章程、指南、政策声明、实务说明和无异议函中引用参考的本法规定和其他成文法规定，无论表述如何（除非情形另有要求），均视为修改后的章程、指南、政策声明、实务说明和无异议函的参考。

（4）违反依据本法指定的章程、指南、政策声明和实务说明本身并不会导致刑事诉讼，但该行为可能，在民事或刑事诉讼中，被任何一方当事人用于成立或否定诉讼中具有争议的责任。

（5）监管局发出的无异议函本身并不能阻止对违反本法规定者提起诉讼。

（6）本法案发布的任何章程、指南、政策声明或实务说明可以是一般性或特定的适用，并可规定此类章程、指南、政策声明或实务说明中的不同条款适用于不同情形或不同案例或不同类型案例。

（7）为避免疑问，本节中的任何章程、指南、政策声明、实务说明都不应视为附属法律。

（8）在本条中，“无异议函”是指监管局致予某人的信函，表明如果事实符合该人的陈述，则监管局将不会就某一特定事态或特定行为起诉该人。

77. 规章（regulations）

（1）监管局可订立规章规定对本法案要求或者允许的，或有必要或为方便本法实施及生效的事项，做出规定。

（2）在不影响第(1)款一般性原则的情况下，监管局可就以下事项订立规章：

（a）为实现本法目的而要求的任何事项或事务所须缴付的费用；

（b）持牌征信局的治理；

（c）规定可并罚的罪行；

（d）规定使用第79条提及的电子服务以及当电子服务发生故障或中断情形时的程序。

（3）除本法另有明确规定外，依据本法制定的规章：

（a）可以适用于一般情况或特定情况；

（b）可以包含保留或过渡性条款；

（c）可以规定对规章特定条文的违反构成犯罪；

（d）可以规定：

（ⅰ）如为个人，则处以不超过50,000新加坡元的罚款或不超过2年的监禁，或二者并罚；如继续犯此罪，则对定罪后继续犯罪的行为处以每日（不超过一日的按一日计算）不超过5,000新加坡元的罚款；或

（ⅱ）其他情况下，处以不超过100,000新加坡元的罚款；如继续犯此

罪，则对定罪后继续犯罪的行为处以每日（不超过一日的按一日计算）不超过 10,000 新加坡元的罚款。

78. 文件送达（service of documents）

（1）本法允许或要求的文件可以按照本节所述的方式送达给个人。

（2）本法允许或要求的文件可以下列方式送达：

（a）当面向个人提供；

（b）以预付挂号邮递方式寄往该个人为邮件送达指定的地址，如果没有指定地址则为个人住址或办公地址；

（c）将其留在显然有成年人居住的个人住址，或显然有成年人工作的办公地址；

（d）将该文件的副本置于个人住址或办公住址显眼的位置（conspicuous place）；或

（e）通过传真发送至最近期得知的该人的传真号码，或以个人接收文件的传真号码发送文件。

（3）本法允许或要求的文件可以下列方式送达给合伙企业（有限责任合伙企业除外）：

（a）将其交给任何合伙人或该合伙企业其他类似职位的职员；

（b）将其送至该合伙企业的办公地址，或以预付挂号方式邮寄至该合伙企业的办公地址；或

（c）将传真发送至合伙企业办公地址所用的传真号码。

（4）本法允许或要求的文件可以下列方式被送达法人团体（包括有限责任合伙）或非法人团体：

（a）将其交给法人团体或非法人团体的秘书或其他类似职位的职员，或有限责任合伙企业经理；

（b）将其留在，或以预付挂号邮递方式寄往法人团体或非法人团体的注册办事处或主要办事处；或

（c）将传真发送至法人团体或非法人团体注册办事处或主要办事处的传真号码。

（5）依据第(2)(3)或(4)条，以下情形表示文件的送达完成：

（a）如果文件是通过传真发出，收到了成功发送的通知，则文件的送达

在该日完成；

（b）如果文件是以预付挂号邮件寄出，则文件发出后的2天送达完成（即使它被退回未交付）。

（6）本条不适用于法庭诉讼文件的送达。

（7）在本条中，“营业地址”指：

（a）就个人而言，个人在新加坡的通常或最近的营业地点；

（b）就合伙企业而言（有限责任公司除外），合伙企业在新加坡的主要或最近的营业地点；

“文件”包括本法允许或要求送达的通知；

“住址”是指个人在新加坡的经常居住地或最近为人所知的在新加坡的居住地。

79. 电子服务

（1）监管局可以为本法要求或授权送达的任何文件提供电子服务。

（2）就电子服务而言，监管局可向任何人发送：

（a）认证码；以及

（b）电子服务账户。

（3）尽管有第78条，如果某人已同意通过电子服务向其送达任何文件：

（a）监管局可通过电子服务方式向该人的电子服务账号送达该文件的电子记录；和

（b）该文件当该文件的电子记录进入此人的电子服务账号时，被视为文件已送达。

（4）在本条中，“电子服务账户”，就任何人而言，指由监管局指派给个人存放与检索与该人有关的电子记录的计算机账户；

“认证码”，就任何人而言，指分配给其的身份证明（identification）或身份证明码、密码或任何其他认证方法或程序，以用于识别和认证个人电子服务的访问和使用；

“文件”包括通知和命令；

“电子记录”的含义与“电子交易法”（Cap. 88）第2（1）条中的相同。

80. 附表的修订

（1）部长可以通过在官方报纸发布的命令，修改、增加或改变附表一。

（2）部长可依据第（1）款作出的任何命令，在必要时制定附带条款、相应条款或补充条款。

（3）依据第（1）款作出的任何命令须在政府公报公布后尽快呈交议会。

81. 银行法的相关修订

"银行法"第三附表（Cap. 19，2008Ed）已被修订

（a）删去第Ⅱ部分第7条而用以下条款替代：

7. 披露必须是： （a）由该银行是获批成员的持牌征信局出具一份信用报告 （b）由该银行是获批成员的持牌征信局依据以下条款作出披露： （ⅰ）2016年征信局法案的第13（2）（b）条；或 （ⅱ）2016年征信局法案的第16条。	（a）持牌征信局； （b）任何 （ⅰ）持牌征信局的获批成员； （ⅱ）2016年征信局法案第13（2）（b）条允许以通知方式披露信息的人 （ⅲ）2016年信用法案第16（2）（b）条规定的第三方，当其收到了持牌征信局的此类信息。	（a）禁止披露存款信息。 （b）持牌征信局向以下主体作出的披露： （ⅰ）对第2栏第（b）（i）款中提及的成员作出的披露对于其评估顾客的信用水平十分必要； （ⅱ）对第2栏第（b）（ⅱ）款中提及的个人的披露必须符合通知中的具体条件； （ⅲ）对第2栏第（b）（i）中提及的第三方的披露须在数据主体签署了书面同意的情况下进行。
7A. 披露是为了征信局在2016年征信局法案第33（3）（b）条书面通知中允许的目的。	该银行是获批成员的持牌征信局。	（a）存款性信息禁止披露； （b）披露须符合通知中的具体条件。

（b）删去第Ⅲ部分中"征信局"的定义，并补充以下定义：

"获批准的成员"具有与2016年征信局法案第2条中相同的含义；

"信用报告"具有与2016年征信局法案第2条中相同的含义；

（c）在第Ⅲ部分"律师"的定义之后加入以下定义：

"持牌征信局"具有与2016年征信局法案第2条中相同的含义。

82. 公司法的相关修订

"公司法"（Cap. 50，2006Ed）在其第145条第（6）款第（b）段中的"银行法（Cap. 19）"后加入"2016年征信局法案第46（7）条"。

83. 新加坡金融监管局相关修正案

“新加坡金融监管局法案”附表（Cap. 186，1999Ed）在其第4条后加入“4A. 2016年征信局法案”。

84. 保留和过渡性条款

（1）如果监管局为实现“银行法”第Ⅲ附表（Cap. 19）的目的在指定日期之前在政府公报发布通知，认定某主体(Y)为征信局,则Y被视为获批了依据本法第7(3)条开展消费者征信业务的牌照（在本节中称为过渡许可证），直到：

（a）指定日期的6个月后；或

（b）若Y在(a)项所述期间的结束日或结束日之前(再次）申请许可证，Y被授予许可证之日或其申请被拒绝或撤回之日。

（2）Y依据第(1)款作为征信局，在指定日期前所须遵循的条件，在与本法案规定一致的情况下，被视为Y在其过渡性牌照下须遵循的条件。

（3）依据第(4)条规定，任何人(X)(非附表1中规定的主体）若在指定日期前是Y的成员，则被视为依据第29(6)条批准的成员，直到

（a）指定日期的6个月后；或

（b）若X在(a)项所属期间的结束日或结束日之前(再次）申请许可证，X被监管局批准为会员之日或申请被拒绝或撤回之日。

（4）在指定日之前担任Y的首席执行官或董事的个人，被视为已经依据本法案第46(2)(b)条获得监管局的批准，被委任为持牌征信局的首席执行官或董事。

（5）指定日后的两年内，部长可以通过制定规章的形式，进一步制定其认为有必要且合适的保留性、过渡性或其他相应条款。

（6）在本节中，“指定日期”指的是本法案开始生效的日期。

附表一（First schedule）

第29(1)和(9)以及第80条

持牌征信局的成员被视为批准成员

1. 银行

2. 商业银行

3. 依据金融公司法（Cap. 108）获得牌照的金融公司

4. 信用卡发行人

附表二（Second schedule）

第5（2）条

具体条款

1. 第74条

第五篇　韩国

（一）韩国征信业简介

［基本情况］

韩国位于东亚朝鲜半岛南部，总面积约10万平方公里，总人口约5164万人，是单一民族国家。韩国在地理、文化方面与中国有类似之处，即都地处亚洲，属于儒家文化圈。

［经济情况］

韩国是一个发达的资本主义国家（经济实力排名在世界11 ~13位），是APEC、世界贸易组织和东亚峰会的创始成员国，也是经合组织、二十国集团和联合国等重要国际组织成员。产业以制造业和服务业为主，半导体、电子、汽车、造船、钢铁、化工、机械、纺织、化妆品等产业产量均进入世界前10名。大企业集团在韩国经济中占有十分重要的地位，主要的大企业集团有三星、现代集团、SK集团、LG、浦项制铁、韩华集团等。

韩国的国内生产总值（GDP）总计1.62万亿美元（中国为13.6万美元），人均国民收入为3.14万美元，经济增长率为2.67%（2018年）。[①]

［征信情况］

因历史原因，韩国的经济体系与美国同步，其征信体系具备了欧美和亚洲文化双重特点。同时作为IT强国，韩国目前是全球信息高速公路最发达的国家之一，这为韩国征信体系的创新和发展提供了良好的条件。

据国际金融公司（IFC）的统计，韩国征信行业水平在其广度（覆盖率）和深度（技术、模式）方面超过OECD国家，与英国、美国、德国三个国家并列全球首位。

韩国征信的发展初期，主要由政府征信部门主导了（PCR）整个行业的

① 汇率：1美元=7.07元人民币=1216.13韩元，2020。

发展，而到2000年初，民间征信机构（PCB）的发展迅猛，开始主导整个韩国的个人征信市场，到了2010年进入成熟阶段。

韩国的个人征信市场主要由三家个人征信机构——NICE、KCB和SCI来组成，其监管机构是金融监督院（相当于把国内的银保监会、证监会合起来的机构）。

韩国从1980年开始积极推进信用体系建设，并且很多法律都会涉及信用[①]，而1995年制定的“信用信息的使用和保护法”（以下简称“信用信息法”），可称得上是信用领域中的“宪法”。

按理来说法律应该具备稳定性，不应该经常变化[②]，尤其是在发达国家[③]。但韩国的信用法律却有些例外——在不到30年的短暂时间里，“信用信息法”已经更新了很多内容、好几个版本，其更新的内容占整个法律的四分之一（详情请参考附录），主要原因有以下几点：

第一，迅猛发展的互联网等IT技术给征信行业造成了巨大冲击，如：爬虫技术引发的个人隐私问题等（事实上这些问题之前是不存在的）。信用法律的制定者们再怎么聪明，也无法准确预测新技术的出现，以及这些技术所带来的具体影响，只能与时俱进，不断完善其内容。

第二，随着全球经济一体化，韩国经历了几乎所有的全球性金融危机，以及亚洲金融危机和韩国独有的信用卡危机。这些金融危机除了给韩国造成了巨大的经济损失外，同时也为韩国征信体系提供了诸多锻炼的机会，迫使其法律不得不做出很多创新，最终使其变得更加完善，使其整个金融体系经得起时间推敲。在近20年发生的金融危机中，韩国的征信体系起到了至关重要的作用，化解了各种全球性的金融冲击。

第三，韩国是单一民族国家，且属于集体主义社会（这一点与日本类似），再加上有民族激情（所创造出来的“汉江奇迹”也是得益于此），为其

① 韩国的很多法律都会涉及信用领域，包括：a. 基础法律（民法、商法等），国民相关法律（国民健康保险法、国民养老金法、居民登记法、个人信息保护法等）；b. 行业相关法律（如：信用保证基金法、技术保证基金法、地区信用保证财团法、贸易保险法、债券催收法、公正债务催收的相关法律等），c. 技术领域的法律（电子签名法、电子文件和电子交易基本法、金融实名交易及秘密保障相关的法律等）。

② 最具代表性的是宪法，一般制定后，几乎没有大的改动。

③ 因为法律都是最聪明的顶级人才，根据当时所处的环境所制定的最优化的内容。

法律的制定、创新、推广以及普及创造了很多有利条件。

对于发展中国家来说，相比研究发达国家的最新法律，研究其过渡性法律条款（确切地说是研究更新之前的法律条款）会更为重要。因为发达国家的几年前或几十年前的信用环境，可能与发展中国家目前所面临的环境更为接近（如基础设施不健全、管理混乱、数据源不正确，等等）。

发达国家的信用相关法律也在不断发展，不断细化，其覆盖的范围变得更广，其内容的深度也不断加深。韩国除了起“宪法”作用的“信用信息法”外，还有很多细分法律和制度（如总统令、总理令等）作为“信用信息法”的补充。①

（二）信用信息的使用和保护法（简称“信用信息法”）②

[试行 2018. 12. 31.] [法律 第16188号，2018. 12. 31.，部分修订]

金融委员会（信用信息组）02－2100－262

目录

① 韩国的各法律和制度的优先顺序为：宪法 > 法律 > 总统令 > 总理令 > 副令。

② 韩国官方网站“国家法令信息中心”（http：//www.law.go.kr），2019年12月30日。本篇中的“信用信息”可以理解为征信信息。

第十二条　（禁止使用类似名称）
第十三条　（禁止高层管理人员兼职）
第十四条　（撤销许可等事项和停业）
第三章　信用信息的收集、调查及处理
第十五条　（收集、调查和处理的原则）
第十六条　（收集、调查及处理的限制）
第十七条　（收集、调查及处理的委托）
第四章　信用信息的流通、使用及管理
第十八条　（维护信用信息的准确性及实时性）
第十九条　（信用信息 IT 系统的安全保护）
第二十条　（信用信息管理责任的明确化及业务处理记录的保存）
第二十条之二（个人信用信息的持有期限等）
第二十一条　（停业时持有信息的处理）
第五章　信用信息业
第一节　信用查询业等
第二十二条　（信用查询业从业人员）
第二十二条之二（信用信息的报告等）
第二十二条之三（禁止向子公司等提供个人信用信息）
第二十三条　（对公共机构提供信用信息等要求）
第二十四条　（居民登记数据信息资料的使用）
第二十五条　（信用信息集中机构）
第二十五条之二（综合信用信息集中机构的业务）
第二十六条　（信用信息集中管理委员会）
第二十六条之二（信用信息集中管理委员会的组成、运营等）
第二节　信用调查业及债务催收行业
第二十七条　（从业者以及委任的债务催收人等）
第二十七条之二（禁止向无许可债务催收人委托业务）
第三节　删除（2013. 5. 28）
第二十八条　删除
第二十九条　删除

第一章　总则

第一条（目的）

本法旨在：（1）培育健康的信用信息业；（2）促进信用信息的高效利用和系统管理；（3）防止信用信息的误用和滥用并保护个人隐私，最终为建立健全的信用秩序作出贡献。[①]

第二条（定义）

该法案所用术语的含义如下。［本条修订（2011. 5. 19，2015. 3. 11）］

1. “信用信息”是指在金融交易等商业交易中，判断交易对方的信用时所需的以下信息（该信息是由总统令[②]所规定的信息）。

（1）可识别特定信用信息主体的信息；

（2）可判断信用信息主体交易内容的信息；

（3）可判断信用信息主体信用程度的信息；

（4）可判断信用信息主体信用交易能力的信息；

（5）此外，类似从(1)项到(4)项的信息。

2. “个人信用信息”是指在判断信用信息中个人的信用度和信用交易能力等场景时所需的信息（该信息是由总统令所规定的信息）。

3. “信用信息主体”是指已经过处理的信用信息所识别的主体，并成为该信用信息的主体的人。

4. “信用信息业”[③] 是指依照第四条第一款各项所述业务的全部或部分作为业务。

5. “信用信息公司”是指以从事信用信息业为目的，依照第四条获得金融委员会许可的主体。

① 因语言体系、文化背景等因素不同，译者无法完全按照韩国法律内容进行直译。此次作者更多是着眼于能够让国内读者理解其整体内容的目的。

② 具体所包含的信息，请参考相关的总统令。

③ 文中的“信用信息”可以理解为我国的征信业。

6. “信用信息集中机构”[①] 是指集中管理、应用信用信息的主体，是依照第二十五条第一项从金融委员会获得许可的主体。

7. “信用信息的提供和使用主体”是指为了与客户进行金融交易等商业交易，通过自己的业务所获得或产出的信用信息提供给他人或从他人处获得信用信息，用于本人营业的人和其他按此经营的人（该主体是由总统令所规定的人）。

8. “信用查询业务”是指收集和处理信用信息的行为，制作反映信用信息主体的信用度，信用交易能力等信用信息的行为以及依照委托人的查询，提供信用信息的行为。

9. “信用调查业务”是指受他人委托调查信用信息，并向该委托人提供信用信息的行为。

10. “债务催收业务”是指在受债权人委托并约定偿还债务之日内，对未偿还债务者进行财产调查、敦促偿还或通过债权人收取金额的方式代替债权人行使催收债务的行为。

11. 作为债务催收主体的“债务”是指依照“商法”的商业行为所产生的金钱债务、判决等，已经被确认其债务权利的民事债务；由总统令所规定的债务、依照对特别法成立的组织以及其中央会、联合会的组合成员[②]、会员等的贷款、担保和除此之外的信贷以及基于保险业务的债务，及其他法律中允许对信用信息公司进行催收行为的债权。

12. 删除（2013. 5. 28）

13. “处理”是指属于以下项目中某一条的行为：

（1）使用电脑进行输入、储存、加工、编辑、检索、删除或打印信用信息的行为；

（2）以投递、邮寄或传送等方式提供给他人信用信息的行为；

（3）此外，与第（1）项或第（2）项相似的行为。

第三条（信用信息业的培育）

1. 金融委员会如果认可信用信息公司提高信用信息提供能力和提高和信用信息的顺利使用是必要的，就可制订相关培育信用信息业的计划。

---

① “信用信息集中机构”包括信用信息院和伤害保险协会、生命保险协会、金融投资协会等。

② 国内暂无与中央会、联合会等类似机构。

2. 为确保依照第一款顺利实施计划，金融委员会如有必要可向相关行政机构负责人提出协助要求，而收到协助要求的相关行政机构负责人如无正当理由，则应依照该要求行事。

第三条之二（与其他法律的关系）

1. 关于信用信息的使用和保护，除其他法律另有特殊规定外，均依照本法律的规定。

2. 关于个人信息的保护，除本法律另有特殊规定外，均依照“个人信息保护法”规定。

［本条新订（2015. 3. 11）］

第二章　信用信息业的许可等

第四条（信用信息业的种类及营业的许可）

1. 信用信息业的种类及业务如下。在这种情况下，第二项和第三项的附加业务将由总统令决定。［本条（修订 2015. 3. 11）］

（1）信用查询业：信用查询业务及以下业务：

①身份识别与认证业务，由金融委员会所认可的业务。

②信用评估模型与风险管理模型的开发与销售业务。

（2）信用调查业务：信用调查业务及相关附加业务。

（3）债务催收业务：债务催收业务及相关附加业务。

（4）删除（2013. 5. 28）

2. 欲从事信用信息业的主体，应依照第一款各项所述业务类别，需要获得金融委员会的许可。

3. 欲获得第二款许可的主体，应依照总统令向金融委员会提交申请书。

4. 金融委员会可为第二款所述的许可附加条件。

5. 依照第二款，与许可相关的许可申请书的编写方式，许可审查的程序及标准的事项，以及必要的事项，都由总理令规定。

第五条（各信用信息业的许可主体）

1. 可取得信用查询业，信用调查业及债务催收许可的主体如下：［本条修订（2010. 4. 5，2016. 3. 29）］

（1）总统令所规定的金融机构等，出资50%以上的法人。

（2）依照“信用保证基金法”设立的信用保证基金。

（3）依照“技术保证基金法”设立的技术保证基金。

（4）依照“地区信用保证财团法”设立的信用保证财团。

（5）依照“贸易保险法”设立的韩国贸易保险公司。

（6）获得从第四条第一款第一项至第三项规定所述业务的全部或部分许可的，出资超过50%以上的法人；但出资人与受让人出资的法人从事同类业务的情况除外。

2. 删除（2013. 5. 28）

第六条（许可的条件）

1. 欲取得第四条第二款所述信用信息业许可的，应具备以下条件。

（1）充分具备开展信用信息业的人力和电脑设备等物质设施。

（2）适当且健全的业务计划。

（3）总统令规定的主要出资的主体应具备充分的出资能力、健全的财务状况及良好的社会信誉。

（4）充分具备从事信用信息业的专业能力。

2. 欲获得信用信息业许可的主体，应具备以下分类的资本金或基本财产。[本条修订（2013. 5. 28）]

（1）欲从事信用查询业，需50亿韩元（约0. 3亿元人民币）以上。

（2）欲分别或同时进行信用调查业和债务催收业时，在50亿韩元（约0. 3亿元人民币）以内以及总统令规定的金额以上。

3. 关于第一款所述许可的细节摘要，由总统令规定。

4. 信用信息公司从事信用信息业务期间，应继续保持第一款第一项规定的条件。

第七条（许可的公告等）

金融委员会依照第四条第二款进行许可或依照第十四条第一款取消许可或认可时，应立即在官方报纸上公告该内容，并通过网站等渠道向普通人公布。

第八条（申报及报告事项）

1. 信用信息公司如果想变更第四条第二款中由总统令规定的事项，必须提前向金融委员会申报。但是如果要变更总统令规定的微小事项，必须从发生事由之日起七天内向金融委员会报告。［本条修订（2018. 12. 31）］

2. 如果金融委员会接收到依照第一款相关的投诉，金融委员会应审查其内容，如符合本法律规定，应受理投诉。［本条新订（2018. 12. 31）］

第九条（控股股东变更批准等）

1. 取得信用信息公司的股份（含出资股份。下同）并欲成为总统令所规定的控股股东的主体，为了健康经营，应具备在依照第六条第一款第三项规定的主要出资人条件中由总统令规定的条件，并提前获得金融委员会的批准。

2. 金融委员会可以规定六个月以内的期限，命令处理在没有依照第一款批准的情况下所获得的股份。

3. 未经第一款所述批准，取得股份的主体不得对该取得部分行使表决权。

4. 关于第一款所述的批准以及第二款所述处分命令的细节摘要所需事项，由总统令来规定。

第十条（信用信息业转让，受让的认可等）

1. 信用信息公司如将该项目的全部或部分进行转让、受让或分割，与其他法人合并（包括依照“商法”第五百三十条之二的分割合并。以下相同）时，依照总统令规定必须获得金融委员会的批准。

2. 信用信息公司在依照第一款获得认可后，转让或分割该业务或与其他法人合并时，受让人、分割后成立的法人或合并后延续的法人（信用信息公司法人吸收合并非信用信息公司情况除外），或依照合并而设立的法人，将继承转让人、分拆前的法人或合并前的法人的信用信息公司的地位。在这种情况下，以前对信用信息公司的许可将失去该效力（在依照第一款进行的部分转让或分割的情况下，将限制该转让或分割的项目范围）。

3. 对依照第一款及第二款设立的受让人，合并后延续的法人及因分拆或合并而设立的法人，借鉴从第五条，第六条，第二十二条第一款及第二十七条第一款到第七款的规定。［本条修订（2013. 5. 28）］

4. 如果信用信息公司想要暂时中断或关闭全部或部分业务，必须依照总理令的规定，事先向金融委员会申报。

5. 金融委员会在收到依照第四款提交的申报时，应审查该内容，如符合

本法律规定，应受理申报。[本条新订（2018. 12. 31）]

第十一条（兼营）

1. 信用信息公司除从事如下所示业务外，依照总理令规定，可以提前向金融委员会申报，同时可以兼营与获得许可业务相关的业务。在这种情况下，依照个别法律，需要行政机构的认可、许可、注册及批准等措施，依照相关个别法律，必须事先获得认可，许可，注册及批准等。［本条修订（2013. 5. 28，2015. 3. 11）］

（1）向个人提供他人的信用信息及加工后的信用信息的业务。

（2）代理签发对其他公司债务负债证明的业务（不包括总统令规定的情况）。

（3）购买不良债务、债务催收等涉及他人履行权利的诉讼案件等代理业务等超出信用信息公司业务范围的业务。

（4）此外，总统令所规定的对信用信息主体或对社会造成明显危害的业务。

2. 不顾第一款规定，信用查询公司不得以营利为目的兼营信用信息业以外的其他业务。但是，依照国家、地方政府及总统令规定的由公共团体委托以公共为目的的调查、分析等业务，由金融委员会认可的情况除外。[本条新订（2015. 3. 11）]

3. 金融委员会在收到第一款各项以外，依照部分前端的申报时，应审查该内容，如符合本法律，应受理申报。[本条新订（2018. 12. 31）]

第十二条（禁止使用类似名称）

依照该法律，未获得许可的信用信息公司，不得在商号中使用信用信息、信用调查或类似名称。[本条修订（2013. 5. 28）]

第十三条（禁止高层管理人员兼职）

信用信息公司的常任高层管理人员，在未经金融委员会批准，不得从事其他营利法人的高管。

第十四条（撤销许可等事项和停业）

1. 如果信用信息公司有以下的任何一种情形，金融委员会可撤销其许可。但，即便信用信息公司符合以下各款的任何一项，只要符合总统令中所规定的事由，金融委员会可以在规定六个月以内的期限，在撤销认可或许可

之前下达纠正命令。[本条修订（2013. 5. 28，2015. 3. 11）]

（1）以虚假或其他不正当手段获得第四条第二款的许可或依照第十条第一款认可的情况。

（2）违反第五条第一款第一项规定的金融机构等出资条件的情况。但信用信息公司的股份在依照“资本市场和金融投资业相关法律”第八条之二的第四款第一项，并已在证券市场上市的情况下，依照第五条第一款第一项，金融机构等出资超过30%以上时除外。

（3）删除（2013. 5. 28）

（4）信用信息公司［从许可之日起未超出三个营业年度（包括信用查询业的情况下，五个营业年度）的情况除外］的自有资产（指最近营业年度末，目前资产负债表中，从资产总额中扣除负债总额的金额。以下相同）未达到第六条第二款所述资本金或基本财产条件的情况。

（5）违反停业命令或属于停业行为的主体，在其发生事由之日前三年内，被责令停业的情形。

（6）违反第四十条第一项至第四项任何一项的情况。

（7）删除（2013. 5. 28）

（8）“关于公平债务催收的法律”第九条各项中违反任何一条进行债务催收行为的情况（仅涉及债务催收行业）。

（9）违反许可或认可的内容或条件的情况。

（10）在没有正当理由的情况下连续一年以上，对所获许可的业务未开展业务的情况。

（11）违反第四十一条第一款进行债务催收行为的情况（仅涉及债务催收业）。

2. 在信用信息公司符合以下项目中任一条规定的情况下，金融委员会可规定一定期限（六个月以内），责令终止其全部或部分业务。［本条修订（2013. 5. 28，2015. 3. 11，2018. 12. 31）］

（1）违反第六条第四款的情况。

（2）违反第十条第一款、第二款的情况。

（3）违反依照第十六条收集、调查等限制事项的情况。

（4）违反第十七条第四款或第十九条，导致信用信息丢失、被盗、泄露、伪造或损毁的情况。

（5）违反第二十二条第一款及第二十七条第一款的情况。

（6）信用查询公司违反第二十二条之三，向子公司提供个人信用信息的情况。

（7）违反第四十条第五项的情况。

（8）违反第四十二条第一款、第三款或第四款的情况。

（9）符合附则中所规定的处分理由的情况。

（10）违反《关于公正债务催收的法律》第十二条第二项、第五项，进行债务催收行为的情况（仅涉及债务催收业）。

（11）此外，违反法令或章程，以及因经营状况不健全，可能严重损失或危害公共利益的情况。

第三章　信用信息的收集、调查及处理

第十五条（收集、调查和处理的原则）

1. 信用信息公司、信用信息集中机构及信用信息的提供和使用主体（以下简称“信用信息公司”），可以收集、调查和处理信用信息。在这种情况下，应在本法律或章程所规定的业务范围内，明确收集、调查和处理信息的目的，并依照本法律及《个人信息保护法》的规定，在达到其目的所需的最低限度范围内使用合理和公正的手段进行信用信息的收集、调查及处理。

2. 信用信息公司等主体收集个人信用信息时，必须得到相关信用信息主体的同意。但是，在符合以下的任何一条的情况下除外。

（1）法律中有特殊规定或为遵守法令规定的义务而不可避免的情况。

（2）为了签订、履行与信用信息主体的金融交易等商务合同，而不可避免的情况。

（3）信用信息主体或该法定代理人在不能表明意思的情况，或因地址不明等原因不能事先获得同意的情况下，能明确认定为危及到信用信息主体或第三方的生命、身体、财产利益而必要的情况时。

（4）为了实现信用信息的提供和使用主体的正当利益，在必要且明确优先于信用信息主体权利的情况下（仅限于与信用信息的提供和使用主体的正

当利益有直接关系，且不超过合理范围的情况）。

［全文修订（2015. 3. 11）］

第十六条（收集、调查及处理的限制）

1. 信用信息公司等主体，不得收集、调查以下信息。

（1）涉及国家安全和机密相关信息。

（2）企业的商业秘密或独创的研发信息。

（3）个人的政治思想、宗教信仰，以及信用信息无关的隐私信息。

（4）不确定的个人信用信息。

（5）其他法律禁止收集的信息。

（6）此外，依照总统令规定的信息。

2. 信用信息公司等主体如要收集、调查或向他人提供相关个人疾病的信息，必须事先得到依照第三十二条第一款所规定的个人同意授权，并仅以总统令规定的目的使用该信息。

第十七条（收集、调查及处理的委托）

1. 信用信息公司等主体在该业务范围内，经委托人同意，可以委托其他信用信息公司等主体进行信用信息的收集、调查工作。

2. 信用信息公司等主体可以把所收集的信用信息的处理工作委托给满足总统令规定条件的主体（如：资本金规模在一定金额以上等），对于受委托者（以下简称“受托者”）所受委托业务的处理适用于第十九条至第二十一条、第四十条、第四十三条、第四十三条之二以及第四十五条（包括对相关条文的惩罚及罚款规定）。［本条修订（2015. 3. 11）］

3. 依照第二款，作为需要委托处理信用信息的信用信息公司等主体（总统令所规定主体），需要把提供的信用信息的范围等，依照总统令所规定，应告知给金融委员会。

4. 信用信息公司等主体，依照第二款为了委托处理信用信息，向受托人提供个人信用信息，对可识别特定信用信息主体的信息采取加密等保护措施（依照总统令规定）。［本条新订（2015. 3. 11）］

5. 信用信息公司等主体向受托人提供信用信息时，为确保信用信息不丢失、被盗、泄露、伪造或损毁，依照总统令规定，需要对受托人进行培训，并把受托人如何安全地处理信用信息的相关事项体现在委托合同中。［本条

新订（2015. 3. 11）]

6. 受托人依照第二款，不得使用超出受托业务范围所获得的信用信息。[本条新订（2015. 3. 11）]

7. 受托人依照第二款，不得将按受托的业务再委托给第三方；但，在不妨碍信用信息的保护以及安全处理的范围内，由金融委员会承认的情况除外。[本条新订（2015. 3. 11）]

第四章　信用信息的流通、使用及管理

第十八条（维护信用信息的准确性及实时性）

1. 信用信息公司等主体，为维护信用信息的准确性和实时性，应依照总统令规定，进行信用信息的注册、变更及管理等。

2. 信用信息公司等主体，对信用信息主体造成不利的信用信息，最长在五年内从注册、管理主体中删除（起始日期为：相关惩罚结束后的当天开始）。[本条修订（2011. 5. 19）]

3. 依照第二款规定，相关信用信息的具体种类、记录保存及应用期限等，由总统令规定。[本条新订（2011. 5. 19）]

第十九条（信用信息 IT 系统的安全保护）

1. 信用信息公司等主体，对信用信息 IT 系统（包括依照第二十五条第六款所述的信用信息公共 IT 网络），依照总统令规定，对第三者的非法访问；修改、损毁、破坏已输入的信息、其他危险，要制定和实施技术层面、物理层面、管理层面的安全措施。[本条修订（2015. 3. 11）]

2. 信用信息的提供和使用主体与其他信用信息的提供和使用主体，或信用查询公司相互依照本法律提供信用信息时，应依照由金融委员会规定并公示的内容，签订包括信用信息安全管理对策在内的合同。

第二十条（信用信息管理责任的明确化及业务处理记录的保存）

1. 信用信息公司等主体，对信用信息的收集、处理、使用及保护等操作，应遵守金融委员会规定的信用信息管理标准。[本条修订（2015. 3. 11）]

2. 信用信息公司等主体，应对以下事项的记录，需要保存三年。

（1）委托人的地址和姓名或提供信息、交换机构的地址和姓名。

（2）受委托的业务内容以及受委托的日期。

（3）受委托的业务处理内容或信用信息的内容和提供的日期。

（4）其他总统令规定的事项。

3. 信用信息公司、信用信息集中机构及总统令规定的信用信息的提供和使用主体，对进行依照第四款规定业务的指定一人以上信用信管理、保护人。但是考虑到总资产、员工数等问题，总统令规定的主体，必须指定信用信息的管理和保护人作为高层管理人员。［本条修订（2015. 3. 11）］

4. 依照第三款的规定，信用信息的管理和保护人负责以下业务。［本条新订（2015. 3. 11）］

（1）制订和执行对信用信息的收集、拥有、提供、删除等管理和保护计划。

（2）定期调查和改善对信用信息的收集、拥有、提供、删除等管理和保护现况和规则。

（3）行使对信用信息阅览及更正申请等信用信息主体的权利，并进行补救。

（4）为了防止信用信息泄露等问题，建立及运营内部控制体系。

（5）制订及执行对临时员工及全职员工的信用信息保护教育计划。

（6）检查临时员工及全职员工等是否遵守信用信息保护相关法律及规定。

（7）此外，为信用信息管理及保护的总统令所规定的业务。

5. 信用信息的管理和保护人对于第四款各项的业务，依照金融委员会的规定，应定期制定报告书，并把此报告书提交到代表理事及理事会和金融委员会。［本条新订（2015. 3. 11）］

6. 依照第三款的信用信息的管理和保护人的资格和其他指定所需要的事项，由总统令规定。［本条修订（2015. 3. 11）］

7. 依照「金融控股公司法」第四十八条之二第六款，如选拔的客户信息管理人符合第六款的资格，就依照第三款成为信用信息的管理和保护人。［本条修订（2015. 3. 11）］

第二十条之二（个人信用信息的持有期限等）

1. 提供和使用信用信息的主体与金融交易等商业交易关系（雇佣关系除

外。以下相同）从终止之日起至金融委员会规定的公布期限，为确保相关信用信息主体的个人信用信息安全，加强访问权限等，依照总统令规定的内容进行管理。

2. 提供和使用信用信息的主体，应自金融交易等商业交易终止之日起，最长为五年以内（在这之前实现信息的收集和提供等目的时，按其目的达到之日起三个月内），把相关信用主体的个人信用信息从管理主体中删除。但，在下文各项所述情况下除外。

（1）为履行其他法律义务而不可避免的情况。

（2）认定为会危及到个人生命、身体、财产的利益而必要的情况。

（3）此外，在支付储蓄金和保险金，以及防止骗保者再次加入的情况等，有必要保存个人信用信息的情况（由总统令规定）。

3. 提供和使用信用信息的主体，依照第二款的线索，不删除个人信用信息而进行保存时，应依照总统令规定，需要与目前正在交易的信用信息主体的个人信用信息进行分离。

4. 提供和使用信用信息的主体，依照第三款需要使用分开保存的个人信用信息时，应通知信用信息的主体。

5. 依照第一款及第二款，由总统令决定对个人信用信息的种类、管理期限、删除的方法、步骤及金融交易，商业交易关系终止日的标准等。

[本条新订（2015. 3. 11）]

第二十一条（停业时对持有信息的处理）

信用信息公司或信用信息集中机构在停业时，应当依照金融委员会规定处理或报废持有信息。

第五章　信用信息业

第一节　信用查询业等

第二十二条（信用查询业从业人员）

1. 信用查询公司（是指有信用查询业许可的公司。以下相同）不得聘用或雇用以下人员作为高层管理人员。[本条修订（2017. 4. 18）]

（1）未成年人。

（2）被指定的成年监护人或被指定的有限监护人。

（3）被宣告破产并未恢复权利者。

（4）被判处监禁以上处罚，且其处罚已结束（包括视为结束的情况）或被豁免之日起未满三年的主体。

（5）被判处监禁以上处罚的缓刑，并处于该缓期期间的主体。

（6）依照该法律或其他法令，被解雇或免职之日起未满5年的主体。

（7）依照该法律或其他法令，被取消营业认可、许可的法人或公司职员（对其取消事项的产生具有直接或有相关责任的人，并只适用于总统令规定的人），对该法人或公司被取消之日起未满五年的主体。

（8）如果是在任或在职的话，依照本法律或其他法令，会受到劝退（包括要求卸任）或免职通报的卸任高层管理人员或离职员工，且接到通报之日起未满五年的主体（从接到通报之日起五年，或卸任或离职之日起超过七年的情况时，我们规定从卸任或离职之日起七年）。

2. 从事信用查询业的职员，如欲收集信用信息，应携带表明其从事信用查询业的凭证，并将其出示给相关人。

第二十二条之二（信用信息的报告等）

信用查询公司应当依照总统令的规定，将信用信息的应用范围、应用期限、提供主体等内容，向金融委员会出示报告。

[本条新订（2011. 5. 19）]

第二十二条之三（禁止向子公司等机构提供个人信用信息）

信用查询公司即便有第三十二条第二款规定，也不得给控股股东（依照第九条第一款），以及子公司（依照“关于垄断限制和公平交易的法律”第二条第三项）提供个人信用信息。但，在符合以下项目中的任何一条的情况除外。

1. 信用查询公司为履行依照第四条第一款第一项规定的业务而提供信用信息的情况。

2. 依照第三十二条第六款第四项而提供信用信息的情况。

[本条新订（2015. 3. 11）

第二十三条（对公共机构提供信用信息等要求）

1. 删除（2015. 3. 11）

2. 如果信用信息集中机构向国家、地方政府或总统令规定的公共团体(以下简称“公共机构”)的负责人要求提供信用信息(该信用信息是用于判断信用信息主体的信用度、信用交易能力等，是由总统令所规定的信息)，所该负责人可向信息集中机构提供信息(这时可以不受以下法律的限制)。在这种情况下，提供信息的标准和步骤由总统令决定。[本条修订(2011.3.29，2015.3.11)]

(1)“公共机构对信息公开相关的法律”。

(2)“个人信息保护法”。

(3)“国民健康保险法”。

(4)“国民养老金法”。

(5)“韩国电力公社法”。

(6)“居民登记法”。

3. 信用信息集中机构可以依照第二款，可将从公共机构获得的信用信息，提供给总统令规定的信用信息使用的主体。[本条修订(2015.3.11)]

4. 信用信息的集中机构或依照第三款规定的信用信息使用的主体，在给信用信息的提供和使用主体提供依照第二款以及第三款从公共机构获得的个人信用信息情况时，依照第三十二条第三款中的规定，需要确认信用信息的提供和使用主体是否从相关个人得到信用信息提供和使用的同意授权。[本条修订(2015.3.11)]

5. 依照第三款，接收信用信息的主体，不得将其信息提供给他人。[本条修订(2015.3.11)]

6. 依照第二款，要求提供信用信息的主体，应依照相关法令缴纳查阅费或手续费等。[本条修订(2015.3.11)]

7. 信用信息公司，在公共机构负责人以执行公务为目的(相关法令中所定的)，用书面形式要求提供信用信息时可提供该信用信息。

[题目修订(2015.3.11)]

第二十四条(居民登记数据信息资料的使用)

1. 信用信息集中机构及总统令规定的提供和使用信用信息的主体，在符合以下条件的情况下，向行政安全部长官提出依照“居民登记信息法”第三十条第一款提供居民登记电脑信息的申请要求；在这种情况下，行政安全部

长官如果没有特别的理由，应依照该要求进行。［本条修订（2013.3.23，2014.11.19，2017.7.26）］

（1）依照“商法”第六十四条等其他法律，支付时效已结束的存款或保险金等情况（需要向存款或保险金的主体通知相关内容的情况）

（2）为宣传金融交易合同到期、失效、解除等合同变更事由等，影响交易对方权利、义务的事项。

2. 依照第一款要求，要求提供居民登记数据信息资料情况时，应经金融委员会委员长的审查。

3. 依照第二款，对已获金融委员会委员长审查的情况，可视其为已依照“居民登记法”第三十条第一款，已接受了相关中央行政机构负责人的审查。对处理程序、使用费或手续费等相关事项依照“居民登记法”进行。

第二十五条（信用信息集中机构）

1. 想通过集中收集、保管信用信息的方式系统地综合管理，并想在信用信息公司等主体间进行相互交换、应用其信用信息（以下简称“集中管理、应用”）的主体，应从金融委员会获得信用集中机构的许可。［本条修订（2015.3.11）］

2. 依照第一款，信用信息集中机构需依照以下区分，获得相关许可。［本条修订（2015.3.11）］

（1）综合信用信息集中机构：是指总统令规定的，从整体金融机构层面，对信用信息进行集中管理、应用的信用信息集中机构。

（2）个别信用信息集中机构：依照第一项的金融机构以外的同类经营者所成立的协会的协议，对信用信息进行集中管理和应用的信用信息机构。

3. 欲从依照第一款规定，从其他信用信息集中机构获得许可的主体，应具备以下条件。［本条修订（2015.3.11）］

（1）依照“民法”第三十二条成立的非营利法人。

（2）集中管理、应用信用信息时，依照总统令的规定，应具备公共性和中立性

（3）具备总统令规定的设施、设备以及人力。

4. 由总统令规定——依照第一款及第二款的对许可及取消等必要的事项，集中管理、应用的信用信息的内容和范围及交换对象。但，信用信息集

中机构与信用查询公司之间的信用信息交换及使用，应实行依照信用查询公司的委托，由信用信息集中机构向信用查询公司提供信用信息的方式。[本条修订（2015. 3. 11）]

5. 依照第二款第一项的综合信用信息集中机构（以下简称“综合信用信息集中机构”）为确保集中的信用信息的准确性、及时性，依照第二十六条的信用信息集中管理委员会的规定，可对提供信用信息的金融机构的信用信息提供义务的履行实况进行调查。[本条修订（2015. 3. 11）]

6. 信用信息集中机构可依照总统令规定，可建立信用信息共同网络（以下简称“共同网络”），参与共同网络的人员应在维护、管理等方面提供必要的协助。在这种情况下，信用信息集中机构应是依照《电信业务法》第二条第一款第一项规定的电信运营商。

第二十五条之二（综合信用信息集中机构的业务）

综合信用信息集中机构负责执行以下业务。

1. 信用信息的集中管理及应用。
2. 公共目的的调查和分析业务。
3. 加工、分析和提供信用信息等依照总统令规定的业务。
4. 信用信息主体变更地址的通报代理业务。
5. 其他法令中规定的综合信贷信息集中机构可以开展的业务。
6. 此外，依照从第一项至第五项规定的业务，由总统令规定的业务。

[本条新订（2015. 3. 11）]

第二十六条（信用信息集中管理委员会）

1. 为履行以下职责，在综合信用信息集中机构中，设立信用信息集中管理委员会（以下简称“委员会”）。[本条修订（2015. 3. 11）]

（1）审议与第二十五条之二第二项业务相关的重要事项。

（2）对信用信息的集中管理、应用所需的固定经费、新项目投资费用的分摊相关事项等。

（3）依照第二十五条第五款第一项，金融机构的信用信息提供义务执行情况调查，以及依照总统的处罚事项。

（4）对信用信息的业务目的之外的泄露或使用的预防措施相关事项。

（5）此外，信用信息的集中管理、应用所必需的事项。

2. 删除（2015. 3. 11）

3. 如果委员会决定了第一款各项所述事项，应依照金融委员会规定，向金融委员会提出报告。[本条修订（2015. 3. 11）]

[题目修订（2015. 3. 11）]

第二十六条之二（信用信息集中管理委员会的组成、运营等）

①委员会由包括一名委员长在内的，小于等于十五名的委员组成。

②委员会的委员长担任综合信用信息集中机构负责人，委员的组成需考虑到公益性、中立性、代表性（是否覆盖所有相关行业）、信用信息方面专业知识等因素。

③此外，委员会的组成及运营相关事项，由总统令决定。

[本条新订（2015. 3. 11）]

第二节　信用调查业及债务催收业

第二十七条（从业者及被委任的债务催收人等）

1. 信用调查公司（指已获得信用调查公司许可的主体。以下相同）或债务催收公司（指已获得债务催收公司许可的主体。以下相同）不得聘用或雇用以下人员，也不得以授权或以类似授权的方式从事债务催收业务。[本条修订（2017. 4. 18）]

（1）未成年人，但由金融委员会所允许的业务除外。

（2）被指定的成年监护人或被指定的有限监护人。

（3）被宣告破产且未恢复权利的人员。

（4）被判处监禁以上的处罚且其处罚已结束（包括被视为处罚已结束的情况），或被豁免之日起未满三年的人员。

（5）被判处监禁以上缓期执行的处罚，且处于缓期期间的人员。

（6）依照该法律或其他法令，而被解雇或免职，且还未满五年的人员。

（7）依照该法律或其他法令，而被取消营业许可或认可的法人或公司职员（对其取消理由有直接或有相关责任的人，由总统令中规定的人），且从被取消之日起未满五年的人员。

（8）依照第二款第二项，作为被委任的债务催收人的主体，取消注册未满五年的主体。

（9）作为在任或在职时，依照该法律或其他法令，劝退（包括要求卸任）或接到免职通报的卸任高层管理人员或离职的员工，在其接到通报之日起未满五年的人员（从接到通报之日起五年，卸任或离职之日起超过七年的情况下，视其为卸任或离职之日起七年）。

2. 债务催收公司必须通过以下人员进行债务催收业务。

（1）债务催收公司的职员。

（2）债务催收公司委任或以相应的方式，允许从事债务催收业务的人员（以下简称“被委任的债务催收人”）。

3. 债务催收公司应向金融委员会注册欲成为其所属被委任的债务催收的人。

4. 被委任的债务催收人，不得从事除了所属债务催收公司以外的主体，进行债务催收业务。

5. 债务催收公司，不能对非催收债务以外的债务进行催收，也不得通过以下任何的被委任的债务催收人进行债务催收业务。

（1）依照第三款，未注册的被委任的债务催收人。

（2）注册在其他债务催收公司的被委任的债务催收人。

（3）依照第七款，目前处于业务暂停的被委任的债务催收人。

6. 金融委员会有权对以下的被委任的债务催收人撤销其注册。

（1）以虚假或其他不正当方法注册的情况（依照第三款）。

（2）违反第七款规定的停业命令，或做出属于停业行为者，在该行为发生之日前一年内，受到停业处罚的情况。

（3）违反第四十条第一项至第四项任何一条的情况。

（4）违反“公正债务催收的相关法律”第九条各项中任一条，进行债务催收的行为的情况。

（5）违反注册的内容或条件的情况。

（6）无正当理由，连续一年以上未进行所注册营业的情况。

7. 金融委员会有权如被委任的债务催收人符合以下任何一条的规定，可在六个月的范围内规定期限，并命令该业务全部或部分终止。

（1）违反第四款的情况。

（2）依照第十六条的违反收集、调查等限制事项的情况。

（3）做出第四十条第五项行为的情况。

（4）违反“公正债务催收的相关法律”第十二条第二项、第五项的情况。

（5）此外，违反法令或所属债务催收公司的章程，严重危害公共利益或其他可能危害公共利益的情况。

8. 从事信用调查业或债务催收业的职员或被委任的债务催收人想要收集或调查信用信息或进行债务催收业务时，必须携带证明其从事信用调查业或债务催收业的证明书，并出示给相关人员。

9. 债务催收公司应当认真管理其所属被委任的债务催收人从事债务催收业务，做到遵纪守法，不危害到健康交易秩序。在这种情况下，应确保其所属被委任的债务催收人不违反以下所述事项。［本条新订（2017. 11. 28）］

（1）违反“关于公平债务催收的法律”第八条第三款第一项、第九条、第十条第一款、第十一条第一项或第二项的行为。

（2）违反“关于公平债务催收的法律”第八条第三款第二项、从第十一条第三项至第五项、第十二条、第十三条或第十三条第二款的行为。

10. 被委任的债务催收人的资格条件及注册程序由总统令决定。［本条修订（2017. 11. 28）］

11. 想要成为被委任的债务催收人，在申请注册时，依照总理令规定交纳手续费。［本条修订（2017. 11. 28）］

第二十七条之二（禁止向无许可职债务催收人委托业务）

总统令规定的信贷金融机构，放款人等提供和使用信用信息的主体，不得向债务催收公司以外的人委托债务催收业务。

［本条新订（2017. 11. 28）］

第三节　删除（2013. 5. 28）

第二十八条　删除（2013. 5. 28）

第二十九条　删除（2013. 5. 28）

第三十条　删除（2013. 5. 28）

第六章　信用信息主体的保护

第三十一条（信用信息应用体制的公示）

信用信息公司、信用信息集中机构及总统令规定的提供和使用信用信息的主体，依照总统令把管理的信用信息种类、使用目的、提供主体及信用信息主体的权利等相关事项，进行公示。

第三十二条（对个人信用信息的提供、应用的同意授权）

1. 提供和使用信用信息的主体，每次想向他人提供个人信用信息时，应依照总统令规定，从相应信用信息主体处，按（1）～（5）所示，获得个人授权。但，在已同意的目的或使用范围内，为保持个人信用信息的准确性、实时性的情况除外。[本条修订（2015. 3. 11，2018. 12. 11）]

（1）书面。

（2）"电子签名法"依照第二条第三项，具有公认电子签名的电子文件（是指依照"电子文件和电子交易基本法"第二条第一项的电子文件）。

（3）考虑到个人信用信息的提供内容及提供目的等，通过能确保信息授权的稳定性和可靠性的有线或无线通信方式，输入个人密码的方式。

（4）通过有线和无线通信，将同意授权内容告知相关个人并得到同意的方法。在这种情况下，确保是否为本人，和授权内容，以及个人的答复的录音等证据资料，并依照总统令规定，进行事后告知程序。

（5）此外，由总统令决定的方式

2. 欲从信用查询公司或信用信息集中机构获得个人信用信息者，应依照总统令规定，每次从相关信用信息主体，按第一款的内容，获得个别同意（但对在已同意的目的或使用范围内，为保持个人信用信息的准确性、实时性的情况除外）。在这种情况下，想要获得个人信用信息的人在查询个人信用信息时，信用等级有可能下降，这时应向相关信用信息主体进行告知。[本条修订（2015. 3. 11）]

3. 信用查询公司或信用信息集中机构，依照第二款提供个人信用信息时，欲获得相关个人信用信息的人应确认是否依照第二款规定的同意授权（依照总统令）。

4. 当信用信息公司等主体，获取个人信用信息的提供及应用相关同意授权时，应依照总统令规定，需区分必选项和选填项来说明其内容后，分别获得其同意授权。在这种情况下，需告知“必选同意授权事项，需能说明相关服务的关联性；而选填同意授权事项，可以选择不同意”的内容。［本条新订（2015. 3. 11）］

5. 信用信息公司等主体，不得以信用信息主体不同意选填项内容为由，拒绝向信用信息主体提供服务。［本条新订（2015. 3. 11）］

6. 信用信息公司等主体提供个人信用信息时，如符合以下情况，不适用第一款至第五款。［本条修订（2015. 3. 11）］

（1）信用信息公司为与其他信用信息公司或信用信息集中机构相互集中管理、应用而提供信用信息的情况。

（2）属于履行合同的必要的情况，依照第十七条第二款，为委托处理信用信息而提供的情况。

（3）以转让、分割、合并等理由，转移全部或部分权利、义务，并提供给予其相关的个人信用信息的情况。

（4）提供给以债务催收（仅适用于债务催收的情况）、许可的目的、判断企业的信用度、接受有价证券等为目的（依据总统令规定）的主体的情况。

（5）依照法院的提交命令或法官签发的拘捕令，提供信用信息的情况。

（6）在因为犯罪行为，能预料到会给受害人的生命或身体带来严重危险等的紧急情况下，依照第五项规定，法官因时间关系无法立即签发拘捕令，只能依照检察官或司法警官的要求提供信用信息的情况。在这种情况下，获得个人信用信息的检察官应立即向法官申请拘捕令、司法警官应向检察官提出申请，并依照检察官的要求申请拘捕令，如在获得个人信用信息后 36 小时内不能及时得到拘捕令，应立即废止该个人信用信息。

（7）依照相关税收法律，为盘问、检查或调查，依照管辖机构负责人书面要求或依照相关税收法律，要求提供拥有提交义务的征税资料的情况。

（8）依照国际公约等，向外国金融监管机构提供金融公司拥有的个人信用信息的情况。

（9）提供可判断金融秩序扰乱行为者及企业垄断股东、最多出资者等相关人员的信用度（依照总统令规定）的情况。

（10）此外，依照其他法律所提供信用信息的情况。

7. 依照第六款各项，欲向他人提供个人信用信息的人或获得个人信用信息的人，应依照总统令的规定，事先将个人信用信息的提供事实及理由告知相关信用信息主体；但，如果存在总统令规定的不可避免的事由的情况下，可以通过网站主页登载或通过其他类似方法，可在事后告知或公示。［本条修订（2011. 5. 19，2015. 3. 11）］

8. 依照第六款第三项规定，作为向他人提供个人信用信息的提供和使用主体（由总统令规定），对于所要提供的信用信息范围（由总统令规定的事项），必须从金融委员会获得批准。［本条修订（2015. 3. 11）］

9. 依照第八款，获得批准并收到个人信用信息的主体，应当将相关个人信用信息依照金融委员会规定，与正在交易的信用信息主体的个人信用信息分开管理。［本条新订（2015. 3. 11）］

10. 由信用信息公司等主体提供个人信用信息时，应依照金融委员会的规定，确认获取个人信用信息者的身份和使用目的。［本条修订（2015. 3. 11）］

11. 提供个人信用信息的提供和使用主体，如果有争议（是否依照第一款，事先得到个别同意授权等争议）时，应对其予以证明。［本条修订（2015. 3. 11）］

第三十三条（个人信用信息的使用）

个人信用信息应当只用于，为判断相关信用信息主体申请的金融交易等商业交易关系的设定及维护与否作为目的；但以下情况除外。［本条修订（2015. 3. 11）］

1. 个人同意依照第三十二条第一款各项所述方式，把信用信息用于本条各项之外的其他目的的情况。

2. 以得到个人直接提供的个人信用信息（包括与该个人进行商业往来时产生的信用信息）作为目的的情况（用于介绍或以营销为目的的情况除外）。

3. 第三十二条第六款各项的情况。

4. 此外，依照第一项至第三项规定的情况（由总统令规定）。

第三十四条（个人识别信息的提供和使用）

是指信用信息的提供和使用者，为识别个人所需的信息；在提供和使用由总统令所规定的信息时，借鉴第三十二条以及第三十三条。

[全文修订（2015. 3. 11）]

第三十五条（信用信息被使用及提供事实的查询）

1. 信用信息公司等主体，在使用或提供个人信用信息时，应当依照总统令规定，让信用信息主体可查询到以下项；但，用于内部经营管理目的，或为反复性委托业务而提供等情况除外（由总统令规定）。

（1）使用个人信用信息的情况：使用主体、使用目的、使用日期、使用的信用信息内容、以及由总统令规定的事项。

（2）提供个人信用信息的情况：提供主体、接受提供者、提供目的、提供日期、提供的信用信息内容、以及由总统令规定的事项。

2. 信用信息公司等主体，如有使用或提供个人信用信息的情况时（前提是有信用信息主体的邀请），应依照第一款各项分类，通知给信用信息主体（依照总统令规定）。

3. 信用信息公司等主体，应当告知信用信息主体有可能会依照第二款进行通知。

[全文修订（2015. 3. 11）]

第三十六条（拒绝商业交易的依据、信用信息的告知等）

1. 信用信息的提供和使用主体，根据从信用查询公司及信用信息集中机构获得的个人信用信息，依据总统令规定，拒绝或终止与对方的商业交易关系设定的情况时，如果有相关信用信息主体的要求的话，需要把拒绝或中止的依据（由总统令规定的事项）必须告知给本人。

2. 信用信息主体对通知到本人的信息内容（依照第一款）有异议时，自收到通知（依照第一款）之日起六十日内，可向收集并提供相应信用信息的信用查询公司及信用信息集中机构，要求确认其信用信息的正确性。

3. 关于第二款所述的确认程序等问题，借鉴第三十八条。

第三十七条（对个人信用信息提供和使用同意的撤销权等）

1. 作为信用信息主体的个人，依照总统令，可以撤销其同意授权（提供个人信用信息的同意授权）。这些同意授权信息包括：

（1）依照第三十二条第一款各项所述方式获得的信用信息的同意提供授权。

（2）给信用查询公司或信用信息集中机构提供的，用于评价个人信用度的目的之外的其他目的的信息授权。

但是在一些特定情况（对于已经授权的信用信息的提供；使用者外的信用信息的提供；如果不给使用者提供其个人信用信息则无法提供与相关信用信息主体所约定的服务等情况）下，很难履行服务合约，或在无法达成第三十三条各项外的所述内容的目的的情况下，如果客户想撤回同意授权，需要明确传达不接受其服务的意愿。

2. 作为个人信用信息主体，依照总统令规定，可以向信用信息的提供和使用主体，要求停止以介绍或引导购买商品和服务为目的而联系其本人的行为。

3. 提供和使用信用信息的主体，应以书面、电子文件或口头方式，依照第一款及第二款所述权利的内容和行使方法等内容，告知交易对方（个人），如交易对方提出第一款及第二款的要求，应立即遵照；此时，如果是通过口头方式告知，则必须进行后续通知（依照总统令规定的程序）。

4. 信用信息的提供和使用主体，依照总统令规定，应具备为履行第三款规定的义务的流程。

5. 提供和使用信用信息的主体，为了不让个人的信用信息主体承担费用（依照第二款申请所产生的电话费等），应采取必要措施（依照总统令规定）。

第三十八条（信用信息的阅览及更正申请等）

1. 信用信息主体，可以通过出示表明本人身份的证件或通过使用电话、网站等方式（依照总统令规定的方法），向信用信息公司证明自己的身份，并能申请浏览或提供自己信息。如果发现其信息有误时，可要求进行更正（依照金融委员会所规定）。

2. 依照第一款，对于要求更正的内容，信用信息公司等主体判断其更正要求理由正当的话，应马上记录该问题的目前处理状态（“申请更正”，或“正在确认是否属实”状态），并及时中断其信用信息的提供和使用功能，并进行核实。对于不属实或无法核实的信用信息，要予以删除或更正。

3. 依照第二款，删除或更正信用信息的信用信息公司等主体，应将相关信用信息告知给近六个月内接受服务的主体和相关信用信息主体，告知其删除或更正的内容。

4. 信用信息公司等机构，依照第二款和第三款的处理结果，应在七日内告知相关信用信息主体，如果该信用信息主体对处理结果有异议，可向金融委员会提出予以纠正的要求（依照总统令）。

5. 金融委员会收到依照第四项的纠正要求时，让依照“金融委员会设置等的相关法律”第二十四条所设立的金融监督院的院长，调查是否属实，并依照调查结果，向信用信息公司等主体令其进行纠正或采取其他必要的措施。

6. 依照第五款进行调查的人，应携带表示其身份的证件，并将其出示给相关人员。

7. 信用信息公司等主体，已经依照第五款的金融委员会的纠正命令作出纠正措施时，应将其结果报告金融委员会。

第三十八条之二（信用查询事实的通知要求）

1. 信用信息主体，可以向信用查询公司要求通知本人的个人信用信息被查询的事实；在这种情况下，信用信息主体应依照金融委员会规定的方式，确认是否本人。

2. 接受第一款要求的信用查询公司，当可能发生以盗用名义（总统令规定）进行查询的情况时，应停止提供信息，并立即通知相关信用信息主体。

3. 对依照第二款规定的终止提供信息及通知方法、通知所涉费用负担等必要事项，由总统令规定。

［本条新订（2015. 3. 11）］

第三十八条之三（删除个人信用信息人要求）

1. 信用信息主体，在金融交易等商业交易关系终止并已经过总统令规定的期限时，可向信用信息的提供和使用主体，要求删除本人个人信用信息。但，符合第二十条之二第二款各项情况除外。

2. 当信用信息的提供和使用主体，收到第一款要求时，应当立即删除相关个人信用信息，并将其结果通知给信用信息主体。

3. 信用信息的提供和使用主体，当信用信息主体的要求符合第一款的线索时，应与其他个人信用信息分开进行管理（依照总统令规定的程序），并将其结果通知给信用信息主体。

4. 有关依照第二款及第三款通知的办法，由金融委员会规定并公告。

［本条新订（2015. 3. 11）］

第三十九条（免费阅览权）

信用查询公司应当在一年内，在一定时间段（依据总统令规定），允许作为信用信息主体的个人有一次以上免费提供或阅览自己信息的机会。

第三十九条之二（信用信息泄露通知等）

1. 信用信息公司等主体，当发现信用信息用于业务以外的目的时，应立即向相关信用信息主体通知以下事实。

（1）泄露的信用信息的项目。

（2）泄露的时间和经过。

（3）为了最小化因泄露而导致的危害，信用信息主体可采取的方法等相关信息。

（4）信用信息公司等主体的应对措施及补救措施。

（5）当信用信息主体发生损失时，可以受理投诉的主管部门及联系方式。

2. 当发生信用信息泄露时，信用信息公司等主体为了最小化其损失，应树立相应对策，并采取必要措施。

3. 当发生总统令所规定的规模以上的信用信息泄露时，信用信息公司等主体必须依照第一款通知，及第二款措施结果立即向由金融委员会或总统令规定的专门机构申报；此时，金融委员会可提供防止灾害扩散、危害重建等技术上的支持。

4. 金融委员会等，当接到依照第三款提交的申报时，应将此内容通知行政安全部长官。［本条修订（2017. 7. 26）］

5. 金融委员会等，可依照第二款对信用信息公司等主体所实行的措施进行调查，如果认为措施不完善，金融委员会可以要求改正。

6. 依照第一款的通知的时间、方法及步骤等必要事项，由总统令决定。

［本条新订（2015. 3. 11）］

第四十条（信用信息公司等主体的禁止事项）

信用信息公司等主体不得从事以下行为；如不是信用信息公司等主体，不得从事第四项中所述规定业务或不得进行第五项的行为。［本条修订（2015. 3. 11）］

1. 向委托人提供虚假事实；

2. 强制委托信用信息相关的调查；

3. 强制要求信用信息调查主体提供调查资料和答复；

4. 调查特定人的行踪及联系方式（以下简称“行踪等”）或调查金融交易等商业关系以外的私生活等；但，有债务催收许可的信用信息公司，为了开展其业务，或根据其他法令允许对特定人的行踪行为除外；

5. 情报员、侦探[①]、此外使用与此相似名称的业务；

6. 删除（2013. 5. 28）；

7. 把个人信用信息或个人的识别信息，利用数字媒体或方式（由总统令规定），用在传送以营利为目的的广告性信息的行为。但是，属于以下项目的除外。

（1）从信用信息主体获得同意的情况。

（2）为维持和管理目前已签订的金融交易所必要的情况。

（3）此外，由总统令所规定的情况。

第四十一条（债务催收公司的禁止事项）

1. 债务催收公司不得把其名义借给他人从事债务催收业务。

2. 债务催收公司除其他法令允许的情况外，不得在商号中使用包括“信用信息”字样以外的名称；但，债务催收公司获得信用评价许可（依照信用查询公司业或“资本市场和金融投资业相关法律”第三百三十五条第三款第一项的规定），同时开展信用评价业的情况除外。[本条修订（2013. 5. 28）]

第四十一条之二（招聘受托人的招募渠道确认等）

1. 信用信息的提供和使用主体，因个人目的，委托第三方进行招聘（是指与其名称无关，代理或中介与本人的业务相关的签约业务。以下相同）时，作为受其招聘委托方，需要对由总统令所规定的主体（以下简称“招聘受托人”）确认以下各项事项。

（1）是否使用虚假或其他不正当手段所取得或所提供到的信用信息（以下简称“非法取得信用信息”）用于招聘；

（2）用于招聘的个人信用信息的获取渠道；

（3）此外，由总统令规定的事项。

---

① 目前韩国暂时没有开放侦探等业务。

2. 信用信息的提供和使用主体，在确认招聘受托人将非法获取的信用信息用于招聘时，应当解除与相关招聘受托人的委托合同。

3. 信用信息的提供和使用主体，依照第二款解除与招聘受托人的委托合同的情况时，应当通知金融委员会或总统令规定的登记机构。

4. 依照第一款的确认事项、依照第三款的报告时间、方法等必要的事项，由总统令决定。

［本条新订（2015. 3. 11）］

第四十二条（业务目的外，禁止泄露等）

1. 信用信息公司等主体和受委托处理信用信息的主体的（依照第十七条第二款规定）员工或曾经的任职人员（以下简称“信用信息业相关人员”），因业务关系认识的他人的信用信息及私生活等个人的隐私（以下简称“个人隐私”），不得在业务目的以外泄露或使用。

2. 信用信息公司等主体和信用信息业相关主体，依照该法向信用信息公司等主体提供信用信息的行为，不视为第一款规定的业务目的以外的泄露或使用。

3. 违反第一款而获得的个人隐私信息（被泄露的信息）的主体（包括通过该主体间接获得的个人隐私信息的主体），当得知其个人隐私信息是违反第一款而被泄露的情况时，不得把其个人隐私信息提供或使用于他人。①

4. 接受从信用信息公司和信用信息行业相关主体获得个人信用信息的主体，不得将个人信用信息提供给他人；但，依照该法或其他法律所允许提供的情况除外。

第四十二条之二（处罚金等）

1. 金融委员会可以对符合以下行为的信用信息公司等主体，征收其营收的3%（由总统令规定的与违反行为相关的销售额）以下金额作为处罚金；但，如果存在符合第一项规定的行为的主体，可征收五十亿韩元以下的处罚金。

（1）违反第十九条第一款，造成个人隐私的丢失、盗取、泄露、伪造或损坏的情况。

① 该条款既保护了非有意（或非故意）获得他人个人隐私的主体，又保护了直接受害者。

（2）违反第四十二条第一款，泄露个人隐私，或用于业务目的以外的情况。

（3）明知违反第四十二条第三款而非法泄露的个人隐私，故意将其个人隐私提供给或使用于他人的情况。

2. 依照第一款征收处罚金时，如果信用信息公司等主体拒绝提交营收核算资料或提供虚假资料时，则依照与该主体规模相近公司的财务报表或其他会计相关资料，估算其营收规模；但，如果无营收或难以计算其营收时，并属于以总统令规定范围，可征收二百亿韩元以下的处罚金。①

3. 金融委员会依照第一款征收处罚金时，应考虑以下事项。②

（1）违规行为的内容和程度。

（2）违规行为的时长和次数。

（3）通过违规行为所取得的利润规模。

4. 依照第一款的处罚金，需考虑到第三款而制定，但是，具体制定标准和制定步骤，由总统令规定。

5. 如果应缴纳处罚金的主体未在缴纳期限内缴纳罚款，金融委员会依照第一款规定，将从缴纳期限结束的第二天开始征收滞纳金（未缴纳部分的6%/年）。在这种情况下，征收滞纳金的期限不得超过六十个月。［本条修订（2017. 4. 18）］

6. 应缴纳处罚金的主体没有在缴纳期限内缴纳罚款时，金融委员会依照第一款，限定一定期限并进行督促，如还未在规定期限内缴纳处罚金和依照第五项规定的滞纳金时，将依照国税滞纳处分的案例进行征收。

7. 因法院判决等原因，退还征收的处罚金（依照第一款规定）时，从缴纳处罚金之日起至退还之日为止，应支付相当于按每年6%的返还利息。

8. 对于与信用信息的提供和使用主体签订委托合同后进行交易的召集人（是指依照“信贷专门金融业法”第十四条之二第二项规定的，且由总统令所规定的召集人），在符合第一款各项的情况时，在其违反行为的范围内，被视为相关信用信息的提供和使用主体的员工。但，其信用信息的提供和使

---

① 该条款不仅是在方向层面，同时也充分考虑到执行层面的实际操作问题，即：帮助政府的执行部门，或行政部门，提供了可迅速、高效计算处罚金的依据。

② 该条款考虑的维度比较周全，不仅体现出合理性，也体现出人性化的一面。

用主体，为防止其招募人的违反行为，尽力最大努力进行监控和关注的情况除外。

9. 此外，有关制定和征收处罚金的必要事项，由总统令规定。

［本条新订（2015. 3. 11）］

第四十三条（损失赔偿的责任）

1. 信用信息公司和其他信用信息的使用主体，因违反本法律，给信用信息主体带来危害时，需承担其赔偿责任；但，如果信用信息公司和其他信用信息的使用主体，能证明非故意或无过失的情况除外。[①]

2. 信用信息公司或其他信用信息的使用主体（包括受托人。本条以下相同），因故意或重大过失而违反本法律规定，造成个人信用信息的泄露、遗失、被盗、伪造或损坏等损失时，有责任提供在其损失三倍以内的赔偿。但是，在信用信息公司或其他信用信息的使用主体，能够证明非故意或无过失的情况除外。［本条新订（2015. 3. 11）］

3. 法院在制定第二款所述赔偿额时，应考虑到以下事项［本条新订（2015. 3. 11）］

（1）故意，或认识到可能发生损失的情况。

（2）因违反行为而导致的损失规模。

（3）因违规行为，信用信息公司或其他信用信息的使用主体所获得的经济利益。

（4）违反行为所对应的罚款和处罚金。

（5）违反行为的期间、次数等。

（6）信用信息公司或其他信用信息的使用主体的财产状况。

（7）信用信息公司或其他信用信息的使用主体，为回收所丢失、被盗、泄露的个人信用信息而付出的努力程度。

（8）信用信息公司或其他信用信息的使用主体，为挽回损失而付出的努力程度。

4. 因债务催收公司或被委任的债务催收人违反本法律，致使债务人及其相关人蒙遭受损失时，应当赔偿其损失；但，在债务催收公司或委任职务债务催

① 该条款明确定义了重要概念——“非主观违约”，并且明确了不追究对“非主观违约”的法律责任。

收人，能够证明自己非故意或无过失的情况除外。[本条修订（2015. 3. 11）]

5. 受第四条第一款中的业务委托的信用信息公司，因自己原因而给委托人造成损失的，应当赔偿其损失。[本条修订（2015. 3. 11）]

6. 依照第十七条第二款，受委托处理信用信息的主体，因违反本法律规定而给信用信息主体造成损失时，委托人与受托人需承担连带的损失赔偿责任。[本条修订（2015. 3. 11）]

7. 被委任的债务催收人违反本法律或“公正催收债务的相关法律”，致使债务人或债务人相关人员蒙受损失时，债务催收公司与被委任的债务催收人需承担连带的损失赔偿责任。但是，在债务催收公司能够证明自己非故意或无失的情况除外。[本条修订（2015. 3. 11）]

第四十三条之二（法定损失赔偿的请求）

1. 信用信息主体如果符合以下全部规定，在总统令规定的期限内，向信用信息公司或其他信用信息的使用主体（包括受托人。本条以下相同），可以不用申请依照第四十三条规定的损失赔偿，而是以三百万韩元以内的金额作为赔偿作为代替；在这种情况下，相关信用信息公司或其他信用信息的使用主体，如果不证明自己的非故意或无过失状况，则不能免责。

（1）信用信息公司或其他信用信息的使用主体，因故意或过失违反本法律规定的情况。

（2）个人信用信息被丢失、被盗、泄露、伪造或损坏的情况。

2. 法院在依照第一款提出申请的情况下，可考虑整个辩护的宗旨和证据调查的结果，在第一款范围内认可其损失额。

3. 依照第四十三条提出的申请的主体，在法院结束辩护之前，可将该申请变更为依照第一款规定的申请。

[本条新订（2015. 3. 11）]

第四十三条之三（赔偿损失的保障）

总统令规定的信用信息公司等主体，为履行第四十三条所规定的赔偿损失责任，依照金融委员会规定的标准，需采取加入保险或储备准备金等必要措施。

[本条新订（2015. 3. 11）]

第四十四条（信用信息协会）

1. 信用信息公司为谋求信用信息业的健康发展以及维护信用信息公司之间的业务秩序，可以成立信用信息协会。

2. 信用信息协会必须是独立法人。

3. 信用信息协会依照章程规定，开展以下业务。

（1）为维持信用信息公司之间健全的业务秩序的相关业务。

（2）促进信用信息业发展的调查、研究业务。

（3）信用信息业使用者投诉的咨询和处理。

（4）此外，总统令规定的业务。

4. 对信用信息协会，除本法律规定外，借鉴“民法”中有关社团法人的规定。

第七章　附则

第四十五条（监督、检查等）

1. 金融委员会对信用信息公司等主体监督是否遵守本法律或本法律规定的命令。

2. 金融委员会如有需要，依照第一款，可向信用信息公司等主体发出有关其工作及财产状况的报告等必要命令。

3. 金融监督院长可以让其职员检查，依照该法律的信用信息公司等主体的业务和财产情况。

4. 金融监督院长如果认为有必要做根据第三项的检查，可要求信用信息公司提交资料、相关人士出席及陈述意见。

5. 依照第三款进行检查的人，应携带其证件，并出示给相关人员。

6. 金融监督院院长，在完成第三项检查后，应依照金融委员会规定，将该结果向金融委员会报告。

7. 如果金融委员会，因信用信息公司等主体违反该法律或依照该法律命令，且认定有可能损害信用信息业的健康经营和信用信息主体的权益，则可以采取下列任一项相应的措施或让金融监督院长采取从第一项至第三项规定相应的措施。[本条修订（2017. 4. 18）]

（1）警示或警告信用信息公司等主体。

（2）警示或警告高层管理人员。

（3）要求对职员进行警示及停职、减薪、谴责等问责。

（4）要求对高层管理人员进行免职建议、停职或对工作人员进行免职。

（5）命令纠正违反行为。

（6）终止提供信用信息。

第四十六条（关于已退休高层人员的措施内容的通报等）

1. 已退休或离职的信用信息公司高层人员，假如还在岗的话，有可能会受到从第四十五条第七款第二项至第四项规定中任一条规定相应的处罚措施时，金融委员会（包括依照第四十五条第七款，可采取措施的金融监督院长）可以把该措施内容，通报给相关信用信息公司等主体的负责人。

2. 收到第一款通知的信用信息公司等主体负责人，应将此内容通知给离任或退休的相应工作人员，并记录、保留其内容。

［本条新订（2017. 4. 18）］

第四十七条（业务报告书的提交）

1. 信用信息公司及信用信息集中机构，应将每个季度的业务报告，在每个季度结束后的下月末之前，依照金融监督院长规定的格式编制后，提交给金融监督院长。

2. 依照第一款提交的报告书，应包括代表人、主管领导或其代理人的签字、盖章。

3. 对业务报告书的细节和其他必要的事项（依照第一款规定），由金融监督院长确定。

第四十八条（听证）

金融委员会若要撤销信用信息公司的许可或认可（依照第十四条第一款的规定），或撤销被委任的债务催收人的注册（依照第二十七条第六款的规定），应举行听证流程。

第四十九条（权限的委任、委托）

依照该法律规定的金融委员会的权限中，由总统令规定的权限，依照其规定，可以向特别市市长、广域市市长，特别自治市市长、道知事[①]、特别自治道知事、金融监督院长、信用信息协会、以及由总统令规定的主体等，给予委任或委托。［本条修订（2018. 8. 14）］

第五十条（处罚规定）

1. 违反第四十二条第一款或第三款的主体，处以十年以下有期徒刑或一亿韩元以下罚款。

2. 符合以下任一项规定的主体，处以五年以下有期徒刑或五千万韩元以下罚款［本条修订（2017. 11. 28）］

（1）违反第四条第二款或第十条第一款，在未经许可或认可的情况下，开展第四条第一款各项规定业务的主体。

（2）通过虚假或其他不正当手段，获得依照第四条第二款或第二条第一款规定许可或认可的主体。

（3）违反第十六条的主体。

（4）违反第十七条第六款的主体。

（5）未经授权，变更或删除依照第十九条第一款规定的信用信息 IT 系统中的信息，或以其他方法让其无法使用的主体，或未经授权进行检索、复制信用信息或以其他方法使用的主体；

（5 -2）违反第二十七条之二，向债务催收公司以外的主体委托进行债务催收业务的主体。

（6）违反第三十二条第一款或第二款（包括借鉴依照第三十四条的情况）的主体。

（7）违反第三十三条（包括借鉴依照第三十四条的情况）的主体。

（8）违反第四十二条第四款的主体。

3. 符合以下任一条规定的主体，处以三年以下有期徒刑或三千万韩元以下的罚款。

（1）依照第十四条第二款，在停业期间开展业务的主体。

（2）不是信用信息集中机构，却搭建依照第二十五条第六款的共同 IT 网络的主体。

---

① 道知事——相当于中国的省长。

（3）违反第四十条第一项至第五项任何一项的主体。

（4）违反第四十一条第一款的主体。

（5）违反第四十一条之二第一款，未确认招聘受托人是否将非法取得信用信息用于招聘的主体。

4. 符合以下任一条规定的主体，处一年以下有期徒刑或一千万韩元（约6万元人民币）以下罚款。

（1）违反第九条第一款，未经批准获得股份的主体；

（2）违反依照第九条第二款所述命令，没有处理未经批准获得股份的主体；

（3）对违反第十七条第二款，向不具备一定条件的主体委托其处理信用信息以及接受委托的主体；

（4）违反第十八条第二款的主体；

（5）违反第二十条第二款的主体；

（6）违反第二十七条第三款，作为被委任的债务催收人，未在金融委员会注册的情况下，进行债务催收业务的主体；

（7）违反第二十七条第四款的主体；

（8）违反第二十七条第五款规定，催收不属于催收领域的债务，或通过未注册的被委任的债务催收人、注册为其他债务催收公司的被委任的债务催收人，或通过处于业务终止中的被委任的债务催收人进行债务催收业务的主体；

（9）依照第二十七条第七款规定，在中止业务期间进行债务催收业务的主体。

[全文修订（2015. 3. 11）]

第五十一条（双罚制度）

法人代表、法人或个人的代理人、使用人或其他工作人员，就该法人或个人的业务，作出违反第五十条规定行为的，除处罚该行为人外，也向该法人或个人处以相应条文的罚款；但，为了防止法人或个人违反该规定的行为，对相关业务给予其相对应的重视和及时采取措施的情况除外。

第五十二条（行政罚款）

1. 对符合以下任一条规定的主体，征收五千万韩元以下的行政罚款［本

条修订（2017. 4. 18，2017. 11. 28）]

（1）违反第十二条，作为未经许可的信用信息公司，在其商号中使用信用信息、信用调查或类似名称的主体；

（2）违反第十五条第二款的主体；

（3）违反第十九条的主体；

（4）违反第二十条第五款的主体；

（4－2）债务催收公司所属被委任的债务催收人，违反第二十七条第九款第一项的行为时的其债务催收公司；但，债务催收公司为了防止发生其违反行为，对其业务的管理及时采取措施的情况除外；

（5）违反第三十二条第四款或第五款（包括借鉴依照第三十四条的情况）的主体；

（6）违反第四十一条之二第二款，未与招聘受托人解除委托合同的主体；

（7）不遵从第四十五条第二款至第四款规定的命令或拒绝、妨碍或逃避检查及要求的主体；

（8）违反第四十七条，未提交报告书或提交与事实不符的报告书的主体。

2. 对符合下列各期某项规定者，将征收三千万韩元（约 18 万元人民币）以下的行政罚款。[本条修订（2017. 11. 28）]

（1）违反第十七条第四款的主体；

（2）违反第二十条第一款或第三款的主体；

（3）违反第二十条之二第二款的主体；

（4）违反第二十一条的主体；

（5）违反第二十三条第五款的主体。

（5－2）所属于债务催收公司的被委任的债务催收人，违反第二十七条第九款第二项规定行为时的其债务催收公司；但，债务催收公司为了防止发生违反行为，对该业务的管理勤于重视的情况除外；

（6）违反第三十二条第八款或第九款（包括借鉴依照第三十四条的情况）的主体；

（7）违反第三十六条第一款或第三款的主体；

（8）违反第三十七条第三款的主体；

（9）违反第三十八条第二款至第五款或第七款的主体；

（10）违反第三十八条之二的主体；

（11）违反第三十八条之三的主体；

（12）违反第三十九条的主体；

（13）违反第三十九条之二第一款，未向信用信息主体告知同一款各项事实的主体；

（14）违反第三十九条之二第三款，未申报措施结果的主体；

（15）违反第四十条第七项的主体。

3. 违反第十条第四款或第十七条第七款的主体，征收二千万韩元（约 12 万元人民币）以下的行政罚款。

4. 对符合下列各期某项规定者，将征收一千万韩元（约 6 万元人民币）以下的行政罚款。[本条修订（2017. 4. 18，2018. 12. 31）]

（1）违反第八条第一款的主体；

（2）违反第十一条第一款、第二款或第十三条的主体；

（3）违反第十七条第一款，未经委托人同意委托收集和调查信用信息的主体；

（4）违反第十七条第五款的主体；

（5）违反第十八条第一款的主体；

（6）违反第二十条之二第一款、第三款或第四款的主体；

（7）违反第二十二条之二，未向金融委员会提出报告的主体；

（8）违反第二十七条第八款，在从事债务催收业务时，未出示凭证者；

（9）违反第三十一条的主体；

（10）违反第三十二条第三款、第七款或第十款（包括借鉴依照第三十四条的情况）的主体；

（11）违反第三十五条的主体；

（12）违反第四十一条之二第三款，告知解除委托合同相关事项的主体；

（13）删除［本条删除（2017. 4. 18）］；

（14）删除［本条删除（2017. 4. 18）］。

5. 依照第一款至第四款规定的行政罚款，依照总统令规定，由金融委员会制定并征收。

6. 第一款第四项之二对应正文的债务催收公司，依照“公正催收债务的相关法律”受到刑事处罚的，不征收行政罚款；征收行政罚款后受到刑事处罚的，取消其行政罚款。[本条新订（2017. 11. 28）]

[全文修订（2015. 3. 11）]

后 记

征信行业作为和信息技术联系密切的领域，受近年来第四次产业革命主导的科技领域的迅猛发展的影响，与传统领域相比，其要面对更多的变化和挑战。同时，征信立法也是一个动态的过程，一些国家制定了征信相关法律后，会随着社会经济的发展与时俱进，对其进行修改和完善，甚至会持续立法，其目的或者是为了促进新兴产业的发展，或者是为了覆盖信用经济中存在的问题，例如个人信息保护不足和债务催收的有法可依等。本文以韩国为例，介绍其征信立法的最新进展。

韩国征信相关立法的进展

一、“数据三法”修订案通过

根据韩联社报道，韩国国会2020年1月9日通过了旨在扩大个人和企业可收集、利用的个人信息范围，促进大数据产业发展的“数据三法”，即《个人信息保护法》《信用信息法》《信息通信网法》的修订案。三个法案中的核心是《个人信息保护法》。《个人信息保护法》修订案的主要内容是在没有本人同意的情况下，可以将经过处理无法识别特定个人的假名信息用于统计和研究等目的。内容还包括将监督误用、滥用、泄露个人信息的机构划归个人信息保护委员会。《信用信息法》修正案的主要内容是，为制定商业性统计、研究、保存公益性记录等，在未经信用信息主体同意的情况下，可以利用或提供假名信息。《信息通信网法》修正案的主要变化是：将与个人信息相关的内容全部移到《个人信息保护法》。产业界评价称，该法案的通过，缓解了有关数据利用的限制，为第四次产业革命奠定了基础。但政界和一些社会人士担心将出现个人信息泄露的隐患。

二、征信法律修订为数字化领域“新政（new deal)”提供法律依据

韩国国务会议于2020年7月28日通过《信用信息法实施令》的修订方案，并与8月5日开始正式实行。其关键修订内容如下：

确保数据融合的安全性。数据融合将由专门负责数据融合的指定机构来安全地处理。数据专业机构应向金融机构提供匿名化、脱敏化数据。数据专业机构需要维持适当的人力资源水平，并建立风险管理制度和内部控制机制。

降低个人数据管理My Data和征信新业务的进入壁垒。更多的金融科技公司将有机会开办自己的征信业务，因为该修订将所需的数据专家人数限制在10人以内，即使是希望申请征信机构牌照的企业实体也是如此。此外，还将制定新的准则，禁止征信机构的不公平行为，如歧视性的信用评估等。

要求MyData企业确保个人金融数据的安全并加强消费者的数据隐私权。新的规则已经制定，以保证MyData服务供应商遵守消费者的数据隐私权和数据可携带权。

完善金融行业的数据保护。金融公司需每年至少检查一次内部数据管理及保护状况，并将检查结果向财务主管部门报告。个人将有权对自动化个人信用评估或个人信用“分析”提出进一步说明和正式的反对意见，这将有助于提高金融交易的透明度。

韩国政府透露：通过此法律，希望其能成为全球最安全地使用数据的国家，并提供实现数字化领域“新政”的法律依据。不仅如此，韩国金融服务委员会阐明，为了加速基于此法的数字经济的发展，也会迅速推进后续的措施。为了配合个人征信和个人数据管理工作，韩国成立新的中央行政机关——“个人信息保护委员会”，该委员会直接向国务总理汇报工作，其负责人属于长官级别，其编制有154名。其将之前行政安全部、广播通信委员会、个人信息保护委员会的个人信息保护功能都整合到一起。

根据数字经济时代的需要，韩国对征信立法进行适当的修改，与时俱进。在不到30年的时间里，《信用信息法》已经更新了很多内容，有多个版本，其更新的内容占整个法律的四分之一。而且近年来随着大数据产业飞速发展和全球个人信息保护趋严，韩国个人征信立法的跟进也很快。在韩国，立法过程、数据保护与促进创新发展并举，一方面加强信息安全和消费者个人隐

私保护，另外一方面降低征信和个人数据应用新业务进入的壁垒。

韩国的本人数据管理 MyData 行业是数字经济的新兴产业，韩国政府通过个人征信等相关立法来促进行业的发展，这对中国庞大的消费者市场也有颇具想象力的商业空间，未来的进展值得关注。韩国属于征信比较发达的国家，有良好的市场化机制和立法环境（不仅有专门的个人征信立法，还有个人数据保护法），值得国内征信体系建设借鉴。

三、拟针对催收问题，制定《消费者信用法》

2020 年 9 月 9 日，韩国金融委员会表示要制定“消费者信用法”，并计划明年第一季度向国会提出。该法律的目的是：（1）避免让丧失偿还能力和还款意愿的债务人，沦为长期拖欠者。（2）避免催收机构出现不仅无回报，且只会增加管理成本的恶性循环。（3）降低债务人放弃偿还的概率，通过债务调整让债务人和债权机构共同寻求双赢的机会。此次的消费者信用法是对目前的贷款行业法，和催收相关的信用信息法进行扩张的。此法案将对贷款的成立（合约）到执行（回收/催收）、变更（债务调整）、结束（债务关系结束）的整个过程。该法案内容，具体包括：（1）个人债务人和债权金融机构间的债务调节；（2）缓和个人债务人的过度的拖欠/催收负担；（3）强化债权金融机构对债务人的保护责任等内容。

未来工作和展望

国内的征信立法过程还在进行中，《征信业管理条例》在多次争议中于 2013 年缓缓出台，该法规内容严谨，逻辑清晰，是国内征信业发展的法律基石。但是目前距离该法规出台已经有 8 年了，经济应用场景和信息技术都有了很大的不同，征信立法亟需与时俱进，不仅要不断完善和发展，同时还要解决一些基本问题，例如对信用的概念进行清晰地阐述。本书的编译希望能够为中国征信的立法以及《征信业管理条例》的更新和完善提供一些经验和借鉴。

个人信息保护是征信业务的一个核心问题，这一点在本文中也得到了体现。随着欧盟 GDPR 的出台，当下全球个人信息保护趋严，中国个人信息保护法制化道路也进入了快车道，全国人大在 2020 年 10 月审议《个人信息保护法（草案）》的议案，预计年内通过。根据全球三大征信机构之一在其

2019 年的年报中的介绍，其 90% 的个人数据是近三年产生的。个人征信的一些成功的经验可以复制到其他个人（非金融）数据应用行业，例如个人数据保护的监管、个人信息保护与应用的平衡以及个人数据产品的开发（个人评分）。因此对征信立法的研究对当下日新月异的数字经济仍然大有裨益，可避免保护过度、应用不足的困境，能够更好地量体裁衣，制定符合国情和未来数字经济发展的个人信息保护政策。

未来征信立法研究的道路还很长，研究团队将和国内志同道合的专业人士继续围绕世界征信立法，翻译引进国外立法实例，关注相关立法进展（包括个人信息保护和金融科技）。欢迎相关的研究人员加入这项基础性和公益性工作中。

致谢

感谢世界银行下属国际金融公司（IFC）的赖金昌先生提供相关的资料和建议。感谢首都师范大学信用立法与信用评估研究中心主任石新中教授的科研经费支持，感谢中国金融出版社肖炜老师的大力支持，感谢全联并购公会信用管理专委会的专家支持，才让这本能带来行业思考和借鉴的基础性书籍得以成书出版。